光华札记

（第三辑）

主 编 ○汤火箭 陈 昊

西南财经大学出版社
Southwestern University of Finance & Economics Press
中国·成都

图书在版编目(CIP)数据

光华札记.第三辑/汤火箭,陈昊主编.—成都:西南财经大学出版社,
2023.11
ISBN 978-7-5504-5657-0

Ⅰ.①光…　Ⅱ.①汤…②陈…　Ⅲ.①读书笔记—中国—现代
Ⅳ.①G792

中国版本图书馆 CIP 数据核字(2022)第 224733 号

光华札记(第三辑)

GUANGHUA ZHAJI(DI SAN JI)

主　编　汤火箭　陈　昊

策划编辑:李晓嵩
责任编辑:王　琳
责任校对:余　尧
封面设计:何东琳设计工作室
责任印制:朱曼丽

出版发行	西南财经大学出版社(四川省成都市光华村街55号)
网　　址	http://cbs.swufe.edu.cn
电子邮件	bookcj@ swufe.edu.cn
邮政编码	610074
电　　话	028-87353785
照　　排	四川胜翔数码印务设计有限公司
印　　刷	四川五洲彩印有限责任公司
成品尺寸	165mm×230mm
印　　张	11
字　　数	147 千字
版　　次	2023 年 11 月第 1 版
印　　次	2023 年 11 月第 1 次印刷
书　　号	ISBN 978-7-5504-5657-0
定　　价	68.00 元

《光华札记（第三辑）》
编委会成员

第一辑序

在阅读经典中绽放青春芳华

"经典"是人类文化的结晶，是最美好的精神食粮。 人类文明的成果，就是通过对经典的阅读而代代相传的。 宋朝诗人黄山谷有一句名言："三日不读书，便觉语言无味，面目可憎。"钱锺书先生也说过："如果不读书，行万里路，也只是个邮差。"阅读经典是一场与大师的对话，也是"能让你悄悄成为你自己"的修行；是获取知识、陶冶情操、提升修养的过程，也是一种理解、领悟、吸收、鉴赏、评价和探究的极佳的思维训练方式。《尚书》中"民惟邦本，本固邦宁"的治国之道，《孟子》"穷则独善其身，达则兼济天下"的情怀志向，《战争与和平》的深沉思考，《老人与海》的勇气与力量……品读经典，能让人拥有广博的知识、宽广的胸怀、崇高的信念和坚强的意志。

然而，曾几何时，数字化时代的阅读逐渐变得碎片化和快餐化，深度阅读正在消失，阅读经典显得弥足珍贵。 陈宝生在新时代全国高等学校本科教育工作会议上强调，要推进本科教育"回归常识"。作为"四个回归"中的一个重要方面，回归常识就是学生要刻苦读书，认真学习。青年学生的第一任务就是读书学习。高校要引导学生读"国情"书、"基层"书、"群众"书，读马列经典、优秀传统文化经典、中外传世经典和专业经典。阅读让青年学生更好地做到正确认识时代责任和历史使命，正确认识世界和中国发展大势，正确认识中国特色和国际比较，正确认识远大抱负和脚踏实地，更好地面向实际、深入实践，以知促行、以行求知。

习近平总书记喜欢读书，素有"书迷"之称，从经史子集到马列经典，从唐诗宋词到中外文学名著，从汤显祖到莎士比亚……近年来在多个场合，习近平总书记提到了100多本经典著作，为我们开出了一张融汇古今智慧、极具时代价值的书单，为我们读好书提供了一份阅读指南。他在多种场合勉励党员干部和广大青年要将读书作为增强本领、提高修为、担当大任的重要途径。高校回归常识，就是要按照习总书记指出的，引导学生求真学问、练真本领，成为有理想、有学问、有才干的实干家，更好地为国、为民服务。

书香沁人，笔墨流芳。近年来，西南财经大学不断深化人才培养模式改革，成立"名著阅读工作领导小组"，出台《名著阅读工程实施办法》，大力推动"名著阅读"工程建设，引导学生阅读经典，培养学生良好的阅读习惯，提升学生的人文素养，促进学生在学识文化、道德伦理、人格气质等方面全面发展，并取得了显著成效。

在推进"名著阅读"工程的过程中，学校教务处指导成立了光华读书社。读书社秉持"以文会友，以友辅仁"的精神，开展"'四方馆'主题分享会""阅读漂流日记""朗读人"等阅读活动。同学们捧卷而来，意气风发，侃侃而谈，或倡导传承中国优秀传统文化精神，或剖析中国社会的昨天与今天，或探寻世界优秀文化成果，或分享阅读习近平总书记七年知青岁月的故事的感悟。到目前为止，读书社已成功举办两届读书笔记大赛，并最终选出40余篇作品集结出版，命名为《光华札记》，定为第一辑，涵盖"文学篇""经济篇""历史哲学篇""社会政法篇"四篇。在"文学篇"中，同学们徜徉在山水之间，"顿觉岁月缝花，怦然悸动，忽如重历一遍过往，见自己，见天地，见众生"；在"经济篇"中，同学们探求金融的逻辑，去理解"金融的核心是跨时间、跨空间的价值交换"；在"历史哲学篇"中，同学们回到那个群星闪耀的明朝万历十五年（公元1587年），"从细枝末节处再来推断那山雨欲来风满楼的前兆，以今人的角度思考和评判万历年间发生的或传奇、或荒诞、或悲剧的历史故事"；在"社会政法篇"中，同学们跟随林达的步伐，走向历史深处的忧虑，"怀着朝圣者般的心境，准备窥探作者犀利的见解"……

　　博尔赫斯说过："如果世界上有天堂，那它一定是图书馆的模样。"如今知悉《光华札记（第一辑）》出版，不由欣喜且欣慰。相信《光华札记》系列图书的出版能成为引导广大青年学生爱国、励志、求真、力行的一种积极探索，成为西财青年学子通过阅读经典而创造出自己的"经典"的有益尝试，成为学校建设世界一流学科、迎接百年华诞的一份厚礼。

　　是为序。

赵海武　卓志

2018 年 6 月

第二辑序
青春与智慧的光华

读完《光华札记（第二辑）》的文稿，不胜感慨。短短两年间，西财学子们阅读名著的体会文章又将结集出版，真是可喜可贺。札记的内容丰富，书写了学子们对文学艺术、历史文化、哲学思想、政治经济以及社会现实等方面名著的阅读感受，大多数文章展示的思想认识、精神气质、审美观念以及文笔水平都让人称道。这本文集的出版，不仅再次闪现着西财学子们青春与智慧的光华，也是西财"名著阅读工程"的又一丰硕成果。

西财为了培养适应国家发展需要的优秀人才，不断推进人才培养模式改革，在教学内容、教学方法和管理措施方面进行创新，其中一项就是"名著阅读工程"。为了使这项工程顺利推进，学校专门成立了"名著阅读工程"工作领导小组，制定了名著阅读工程实施办法，其目的在于鼓励和引导学子们阅读经典，让学生学贯古今、融汇中外，从而提升学生的人文素养，促进学生在学识文化、道德能力、人格气质等方面的全面发展。为了打造适合学子们阅读交流的平台，西财还成立了光华读书社。在教务处及各有关部门的大力支持和指导下，读书社坚持举办"读书笔记"活动与各种征文活动，邀请专家学者开设读书与写作等方面的讲座，还连续举办了四届读书社笔记大赛，极大地调动了学子们读名著的自觉性和热情，并取得了显著的成效。第一、二届读书笔记大赛成果不仅以《光华札记（第一辑）》的形式正式出版，其中部分优秀文章还获得了"四川省高校创作人才选拔赛征文""大美四川征文"等大赛的一、二、三等奖和优秀奖。这样既有特色又富有成效的"名著阅读工程"活动，不仅在财大产生了积极的作用，我认为其经验也许值得各兄弟院校学习。

《光华札记（第二辑）》收录读后感文章32篇，分为"社会政治篇""文学篇""经济篇""历史哲学篇"四个部分。在各类名著的读后感中，我们看到了西财学子们在知识视野上开阔的眼界、良好的人文素养与优秀的专业才华。

我们欣喜地看到，读了社会政治方面的名著后，学子们加深了对中国特色社会主义与治国理念、民众心态与社会现实、改革开放的成就与发展前途等中国国情的理解，从而更加热爱自己的祖国。我们听到了这样的誓言："我辈青年应以推动中国改革发展为己任，即使石烂海枯，只要此身尚存，此心不死。"他们充满了当代青年的自信——"我们，能让中国变得更好"。面对这样的壮志和豪情，我们为之感动。读了文学名著后，学子们对社会生活、人性的复杂性、理想与现实的差距以及人生的得与失都有了更多了解，尤其是对青春的认识有了新的思考。正如一位作者所感："我悲伤失落时，我想起书中那些平凡世界里，无畏奋斗的追梦者们。人生就是永不停止的奋斗，只有选定目标，并在奋斗中感到自己的努力没有虚掷，这样的生活才是充实的，精神也会永远年轻。"读了经济学名著，学子们对国有经济和民营经济的不同作用、价格机制与市场经济、改革开放与国计民生等知识有了更多的了解，更进一步地提高了自身的专业认知能力。有的同学还提出了发人深省的问题："前人的艰苦奋斗，为我们带来了今日改革开放之硕果，作为当代青年，我们又能为后来者留下些什么呢？"这是一种强烈的责任感，也是努力学习本领和乐于奉献的内在动力。读了历史哲学名著，学子们对历史事件、人物以及历史的作用也有了新的认识，更懂得用辩证批判的眼光去对待历史。有同学体悟到："我们学习历史，应该站在历史的角度去抉择，去思考真实的历史，去考虑历史的现实条件。"他们在对中国文明发展史的认知中，增强了文化自信、民族自信。为此，我们看到了这样的心灵："沁润在中华文化的海洋里，我便永不干涸。"

总体来看,《光华札记(第二辑)》反映出学子们多方面的可喜收获,各类名著的读后感体现出了他们热爱学习、勤于思考而积累的丰富知识和具备的良好综合素质,同时也充分表现出他们爱国的赤子之心和强烈的青春使命感。这是十分难能可贵的,是值得赞扬的。但也需要看到,由于人生阅历的局限和读书方法的欠妥,有少数文章的阅读感受还不够深刻与独到,个别文章还存在着认识的片面性。但这些问题,随着学子们生活阅历的丰富和读书方法的完善,自然是会被有效克服的。

罗曼·罗兰认为:"世界上只有一种真正的英雄主义,那就是看清生活的真相之后依然热爱生活。"这是智者的认识。要成为生活的强者,需要从知识中获得人生拼搏的力量和追求幸福的资本。在光华读书社的"读与写"讲座上,我曾谈到:"精读名家经典,走进贤达境界;选读各类书籍,方能兼收并蓄;走读天地大书,任我特立独行。"与名著相伴,我们将拥有最智慧的知音,并受其影响追求高境界的人生。但仅读名著是不够的,我们还要阅读一些虽不是名著但对自己有助益的书籍,更需要下苦功读好天地间社会生活这部大书。同时,学子们还要注重在读书中边学边用,活学活用,多思多用,用出成效。

习近平总书记希望大学生"用青春书写无愧于时代、无愧于历史的华彩篇章。"西财的学子们意气风发，正在脚踏实地践行总书记的教导。我们相信，他们不仅在校期间志存高远、勤奋读书、刻苦修为，也必在将来为中华民族伟大复兴贡献出自己的智慧和力量，实现青年时代美好的梦想。

2020 年 7 月 18 日

（干天全，四川省写作学会会长、

《中国乡土文学》总编辑、

四川大学教授，

西南财经大学光华读书社名誉社长）

第三辑序

学习党史深领悟，不忘初心勇践行

"欲知大道，必先为史。"习近平总书记指出："我们要用历史映照现实、远观未来，从中国共产党的百年奋斗中看清楚过去我们为什么能够成功、弄明白未来我们怎样才能继续成功。"开展党史学习教育，是牢记初心使命、推进中华民族伟大复兴历史伟业的必然要求，是坚定信仰信念、在新时代坚持和发展中国特色社会主义的必然要求，也是推进党的自我革命、永葆党的生机活力的必然要求。未来属于青年，希望寄予青年。站在新时代的起点上，青年人更应拾起书本，学习党史，磨炼党性，锤炼自身顽强意志。

党的历史是最生动、最有说服力的教科书。为进一步加强党史学习教育，深挖红色记忆，弘扬红色文化，传承红色基因，强化学史明理、学史增信、学史崇德、学史力行，从党的非凡历程中感悟马克思主义的真理力量和实践力量，学校于2021年举办了西南财经大学"名著阅读:悦读党史"读书笔记大赛,涌现出一批优秀作品。我们在参赛作品中精选了33篇读书笔记并汇编成册,形成《光华札记(第三辑)》,分为"学史增信""学史明理""学史力行""红色传承""初心使命"五个篇章。

在"学史增信"篇,我们看到俞佳琦同学"生逢盛世,要在传承历史印记与革命精神之中扛起民族复兴重任,书写未来"的时代担当。青年的肩上不仅有学业,也应该有国家担当,能够承担时代的重任。同时,我们也看到鲍熹妍同学"要时时戒备十字街头的危险,要时时回首仰望象牙之塔"的警醒。时刻回眸自己,认知自己,警醒自己,激励自己,才能成人达已,成己为人。

在"学史明理"篇,朱显琳同学重温了中国共产党筚路蓝缕的"创业之路",发出了"一百年风雨兼程,一百年砥砺前行。如今山河壮丽,生生不息"的感慨。张翔同学感悟党史,将党的理论知识运用到自身实践,"经常性地开展批评与自我批评,常态化地与自我进行思想交流、思想交锋,不断地掸去思想上的尘埃,持续改正自身行为上的瑕疵"。

在"学史力行"篇,许玲同学发出了这样的呼喊:"中国青年应当始终在中国共产党的领导下,在改革开放伟大旗帜的指引下,矢志成为有理想、有本领、有担当的肩负民族复兴大任的时代新人。"

朱慧同学回顾了土地改革的历程，并发出感慨："尽管那段波澜壮阔的岁月已经成为历史，但前人的奋斗功绩将长久地激励我们不断前进，为实现中华民族伟大复兴的中国梦不懈奋斗。"

在"红色传承"篇，同学们以《红岩》中的英雄人物为榜样，学习他们的爱国精神与爱国热情，不断进取，积极奋斗。对党史最好的致敬，就是让红色基因薪火相传。深扎信仰之根，传承红色血脉，揭示了人民军队近百年来所向披靡的制胜密码。

在"初心使命"篇，计安桐同学回顾了习近平总书记的七年知青岁月，更加深刻地理解了"经世济民、孜孜以求"的精神，为纾解国家改革之困，解国家燃眉之急。初心易得，始终难守。面对如此意义深远的理想重任，我们要继往开来，应汲取前辈们的珍贵经验，去"修身""矫思""立义"，去寻找属于每个人自己的"梁家河"。

历史车轮滚滚向前，时代潮流浩浩荡荡。党的百年历史，就是一部为中国人民谋幸福、为中华民族谋复兴的初心奋斗史。《光华札记（第三辑）》反映了同学们在党史学习过程中全方位、多角度的感悟。在知的方面，不仅体会到革命先辈们无私无畏、不怕牺牲、甘于奉献的革命精神，还深刻领悟到要赓续红色血脉，继往开来，接续奋斗；在行的方面，既要勤于学习实践，练就过硬本领，又要继承优良传统，厚植家国情怀，努力做担当民族复兴大任的时代新人。

未来属于青年，希望寄予青年。一百多年前，一群新青年高举马克思主义思想火炬，在风雨如晦的中国苦苦探寻民族复兴的前途。面对世界百年未有之大变局和中华民族伟大复兴的战略全局，新时代的青年既面临着建功立业的人生际遇，也面临着"天将降大任于是人也"的时代使命。青年们要在初心中坚守理想，在实践中练就本领，在斗争中彰显担当，增强做中国人的志气、骨气、底气，以砥砺奋进之初心、只争朝夕之勇行在新时代新征程中披荆斩棘，谱写强国新篇章。

编者

2023 年 4 月

目　录

第四篇　红色传承

第五篇　初心使命

第一篇　学史增信

荆棘与繁花

——读《苦难辉煌》有感

文/鲍熹妍

一、简介

　　《苦难辉煌》是当代作家金一南创作的纪实文学，书写的是中国革命史中自 1917 年俄国十月革命消息传入中国，至 1936 年西安事变前的历史事件和人物。 全书再现了中国共产党艰苦奋斗的历程。

二、心得

　　（一）火花勋章

　　我们曾经是奴隶。否则不会有从 1840 年到 1949 年中华民族的百年沉沦。

我们也拥有英雄。否则不会有从 1949 年到 2050 年中华民族的百年复兴。

与波澜壮阔的历史相较，人的生命何其短暂。幸福起来的人们于是不想承认自己曾经是奴隶，也不屑于承认曾经有过英雄。不知不觉中，自己那部热血奔涌、震撼人心的历史被荒弃了、抽干了，弄成一部枯燥、干瘪的室内标本，放在那里无人问津。

中国近现代史，是一部乱世飘零、风雨动摇的历史，是暗夜里觉醒的人民戴着旧文化的枷锁在腥风血雨中跳舞的写照。中国共产党的奋斗历史，是满目荆棘、腥风血雨的苦难，是爱国志士不屈不挠、慷慨悲歌的进步。多少人倒在了黎明前，又有多少人在无名之地长眠。

我们更应该世世代代记住他们，这些有名的和无名的中国革命的开路先锋和沙场英雄。正如鲁迅所言："此后如竟没有炬火，我便是唯一的光"。

历史的每一页，都是连续的，即使泛黄，即使落灰，也不会因个人的问题而被撕掉。那一页的故事不论是浓墨重彩，还是寥寥几笔，都交予后人评说。但人的记忆是有限的，尤其是在幸福蜜罐里长大的人们，总是会选择性地忘记过去的屈辱，掩埋苦难的过往。

在那段曲折的路里，不仅有辛酸和血泪，还有我们的英雄。个体的生命在历史的蜿蜒长河中如同瞬息的火花，英烈们的牺牲应是最耀眼的一瞬，虽是一闪，却是永远。虽然一个人的生命极其短暂，但无数的个体汇聚在一起，便是星星之火，也可燎原。我们的铭记与继承，便是他们得以继续存活下来的唯一方式。

星火燎原，烈火不灭，薪火相传，生生不息。

(二) 向十字路口宣战

量变堆积历史，质变分割历史。人们能够轻松觉出每日每时不息不止的量变，却不易察觉出行将到来或已经来到的质变。

历史来到十字路口。十月革命使中国奔腾运行的地火终于找到了突破口。中国国民党与中国共产党被那场俄国革命所促发的历史合力推向一起。

20世纪初的中国，处于大众精神麻痹，有志之士慷慨悲歌的时期，若是没有新文化运动的炮响，没有五四运动的战斗，何来民众的觉醒，时代的觉醒。历史的实践证明，打破习俗，要以一二人之力，抵抗千万人之惰力，非有雷霆万钧的力量不可。虽千万人，吾往矣。这便是中国共产党的气魄。

中国共产党之所以能推动历史的进程，正是像朱光潜先生所说的，是因为他们是"站在十字街头而能向十字街头宣战的人"。

十字街头的叫嚣，十字街头的挤眉弄眼，都处处引诱你汩没自我。中国共产党人是这浊世中少有的清醒的人，更是冲在最前线的战士。

"儒家的礼教，五芳斋的馄饨，是传说；新文化运动，四马路的新装，是时尚。传说尊旧，时尚趋新，新旧虽不同，而盲从附和，不假思索，则根本无二致。社会是专制的，是压迫的，是不容自我伸张的。"冲决过去历史之罗网，破坏陈腐学说之图圉，以青春的精神不断改造自我，以青春的朝气、青春的理想唤醒百年沉睡的旧中国，建立青春之中华。

在新旧文化交替的迷雾与风沙中，此时的中国共产党正在苦苦地摸索着，实践着，找寻中国的出路，寻找拯救中国的药方。

向西方寻找真理的中国人便如周恩来同志所说："大江歌罢掉头东，邃密群科济世穷。"

然而他们得到的回报往往不是十字架，就是断头台。可是这世间只有他们才是不朽，倘若没有他们这些殉道者，我们早已因乌烟瘴气闷死了。所以站在十字街头的人们，尤其是你我青年们，要时时戒备十字街头的危险，要时时回首仰望象牙之塔。

（三）历史的抉择

中国共产党的抉择，不是空想主义的结果，也不是一味的盲从，而是在黑暗中面对失败思索后的正确选择。

国际歌里唱着："从来就没有什么救世主，也不靠神仙皇帝。要创造人类的幸福，全靠我们自己！"有人说："人的一生虽然漫长，但紧要的关头只有几步。"中国共产党有漫长的百年历史，也有生死攸关的紧要关头，转危为安，是绝处逢生，也是毅力和魄力交织的必然结果。

踏踏实实扎根在贫困落后的山区，义无反顾地开辟的武装斗争、农村包围城市之路，这都不是神告知的选择，而是中国革命者面对中国革命的特殊性，立足于残酷现实的选择。书中写道："毛泽东的根基在井冈山，不在白区，更不在共产国际。不能设想他在大城市租界内外压低帽檐东躲西藏，更不能设想他像小学生一样端坐在共产国际会议厅里背诵冗长的决议。他属于那片实实在在的土地。只有在武装割据的中国农村中，他才如鱼得水，游刃有余。"

共产党人并非不喜欢城市，但是立足于中国的国情，考虑中国共产党的现实需要，为了让红色政权有充足的给养和培育坚韧顽强的战士，为了让中国共产党早日打牢根基，重新燃起革命的熊熊火焰，中国共产党坚定地选择了井冈山。

八一南昌起义是中国革命处在生死存亡的危急关头，中国共产党人毅然拿起武器反抗国民党血腥屠杀政策的必然抉择。中国共产党人由此走上了武装夺取政权的道路。

在那个每个人都步履薄冰的动荡时期，没有枪杆子的强硬，没有武装力量的支持，即使有再高深的理论修养，再犀利的政治判断，再庞大的民众组织，解放人民和实现独立都是幻想，最后只会被碾于敌人的铁骑之下。

民众的呼声是高涨的，但只有斗争精神没有斗争行动并不能解决实际问题。正如毛泽东同志所说："革命不是请客吃饭，不是做文章，不是绘画绣花，不能那样雅致，那样从容不迫，文质彬彬，那样温良恭俭让。革命是暴动，是一个阶级推翻另一个阶级的暴烈的行动。"

批判的武器永远代替不了武器的批判。中国共产党自觉运用马克思主义原理与特殊国情相结合，最终选择了武装割据的道路。

（四）长征

"一条红色铁流，蜿蜒逶迤二万五千里。任围追堵截，始终不灭。"这条路太长，徒步二万五千里，四渡赤水，突破金沙江，强渡大渡河，爬雪山，过草地，无数壮举如史诗般激昂悲壮。这条路又太短，短到一眨眼，便结束了一个人的一生。尽管揭开伤疤时无比疼痛，我们也要直面苦难的历史，因为只有这样，我们才能找到治疗疼痛的良方。

> 对中国革命来说，每一次失败，都蕴涵着成功；每一次成功，又都潜伏着失败……中国工农红军的胜利，绝不是历史用托盘端上来的一份幸运礼物。把四渡赤水看成一场出神入化的妙算和从容不迫的行军，糟蹋的是我们自己那部艰难曲折的奋斗史……每一次都是一路硝烟一路战火一路鲜血一路牺牲走过来的。红军正是在一次又一次转危为安、转败为胜、转坎坷为通途的努力奋斗中，熔炼出了最顽强不息与最光彩夺目的生命力。

在那宽阔奔腾的历史洪流中，我们看到了中国共产党人胸中千曲百折的笃定信仰。

那种天上炮弹旋飞，地上敌方围追堵截的险象环生，那种"日复一日不得不全副身心投入的残酷斗争"，绝非我们今日想象的那样指挥若定、云淡风轻的从容不迫。实际上，死亡随时在身边，覆灭随时在身边，被包围、被分割、被切断随时在身边。历史从来都是在挫折中轰隆前进。

你可以忘记工农红军纵横十一省区,行程二万五千里,一路硝烟,一路战火;可以忘记不尽的高山大河,狭道天险,国民党数十万大军左跟右随,围追堵截;可以忘记革命队伍内部争论与妥协,弥合与分裂。但这一点你将很难忘怀:长征所展示的足以照射千秋万代的不死精神与非凡气概。

不屈不挠的工农红军。

不屈不挠的共产党人。

不屈不挠的解放事业。

不屈不挠的中华民族。

我们高歌长征的伟大,伟大以苦难为鲜亮底色。中央红军几个月时东、时西,忽南、忽北,大踏步进退,无定向转移;每日不是渡河,就是爬山,走新路,也走老路、冤枉路、回头路。长征,作为中共党史上最为重要的一步,中国共产党人和中国工农红军深重的苦难与耀眼的辉煌,皆出自于此。

(五) 实事求是

从土城战斗失利后立即放弃北上渡江计划改为西渡赤水,到古蔺、叙永一带受阻马上采纳彭、杨建议改取川滇黔边境,皆可见工农红军"打得赢就打,打不赢就走"的机动灵活战略战术。

说毛泽东和红军又回来了,意义正在这里。

红军请回来的不是一尊万无一失的神,而是一位随时准备坚持真理,随时准备修正错误的实事求是的人。毛泽东同志作为党的领袖,对中国革命规律有着深刻把握,长期深入群众,总结实践经验。

不屈不挠、百折不回的实践,是共产党人最富生机和最为鲜活的灵魂。

中国共产党人征战无数,胜利不少,失败也有。战略部署出现过

"左"倾。

中国工农红军从领袖到战士，都并非史书上的完人，而是一个个鲜灵活现的个人，他们也会喜怒形于色，也有悲欢离合。事实上人最不能避免的就是失误，但是人最可贵的是能改正失误。在艰难时期，中国共产党领导人表现出来的勇和智，是在失败中经受血与火的锻造，"果断地面对困难、挫折和失误的勇和智，是迅速地修正主观设想使之符合客观实际的勇和智"。

我们总结自己的历史，辉煌是财富，教训也是财富，甚至是更值得珍惜的财富。我们怕教训影响辉煌，我们便失掉了很多珍贵的财富。

毕竟承认事实也是需要勇气的。光鲜亮丽的辉煌背后，承载着多少血泪和牺牲。

（六）直面现实

一个中国人，如果仅仅会唱《大刀进行曲》，还无法明白那段历史。时光在流逝，我们也必须记住那些往往令我们不愿记忆的事情。必须要探究，那些胸前不乏勋章的人们是怎么退到了这一步，才终于"忍无可忍"了的。不了解当时中国的政治、军事有多么腐朽，国家有多么衰弱，你就永远不会理解衰弱与腐朽要带来多么巨大且深重的灾难。

这是我们必须面对的真实历史。它是荆棘，而不是花环。

历史本是客观存在的事实，却往往因人的意志加上了一层又一层的光环，被盖上了模糊不清的面纱，后人对历史的见解，也不过是雾里看花，水中望月。

可正是因为如此，我们更要寻找历史的细节，还原历史的真相。此书并不避讳中华民族遭受的苦难，也不美化中国共产党的失误，再现了中国共产党在积贫积弱的旧中国的背景下，在腐朽没落的社会中艰苦成长的辛酸历程。

有多少人高歌汉唐的辉煌，就有多少人悲歌旧中国的绝望。从有志之士决定踏上寻找治愈旧中国的药方时，茫茫前路已不成曲调。他们不知道长此以往是荒腔走板、愈行愈远，还是能在寂无人烟处另辟蹊径。在这群人中，中国共产党人也不知道。但中国共产党人及其领导人的真正伟大之处，不在于他们的预见，而在于他们直面现实的勇气，在于他们的切身实践。

那是一个到处都有激情像干柴一样燃烧的时代。每一次轰轰烈烈的大革命都是一次对历史的颠倒，也是一次对人们原本位置的颠倒。这种现象尤其多见：出身富家的人加入了中国共产党，为穷人争天下；出身贫苦者却加入中国国民党，为富人保江山。

那是一个非凡的革命年代，也是一个热血的革命年代。

20世纪初的东方雄狮，突然发现自己已经落后于别人数百年，西方的民主启蒙之风吹醒了少数沉睡的中国人。睁开眼看世界的他们痛心于政府的腐朽，人民思想的落后，故而掀起了浩浩荡荡的革命运动。

在这个阶段，最激动人心的话题莫过于救国与革命，思想狂飙突进，战争与革命风起云涌，没有哪个世纪像这个世纪以如此众多的精神财富砥柱于奔腾不息的历史长河中。金石掺瓦砾大浪淘沙，泥沙俱下，鱼龙混杂。

中国国民党、中国共产党、联共(布)与共产国际、日本昭和军阀，这四股力量在世界东方大舞台互相交叉、互相影响、互相矛盾、互相冲撞，导演出一幕又一幕威武雄壮的话剧。

（七）历史与个人

这部动荡不已的历史，你可以说它不富足、不充裕、不美满、不宽容、不开放、不安宁；但你必定惊叹它的光荣与梦想，它的热血与献身；即使这里面同样淤积了丑恶与悲哀，隐藏着没落与衰败。

20世纪不是一泓平滑光洁的缓流，而是一段跌宕起伏、惊天动地的激流。奔腾不息的咆哮声至今回响在我们耳畔。如中国古代诗歌中博大苍凉的唱和："前不见古人，后不见来者。念天地之悠悠，独怆然而涕下。"

历史是一条奔腾不息的长河，经高山低谷，容急流缓溪。历史不可预测，也无法改变。前人凭借自身的执着与信念，最终汇聚成历史的自觉。我们高举真理的火炬，直面惨淡的历史。以史为鉴的前提便是看清现实，那是千帆过尽的沉寂。

历史是兴衰，也是命运。不是每个人都能以短暂的生命辉映漫长的历史。我们乘着生命之舟在历史长河里泛游，看英雄的诞生与陨落，最终不过是大江东去，浪淘尽，千古风流人物的落寞。

"国际悲歌歌一曲，狂飙为我从天落"。中国共产党的百年历史给我们留下了众多的历史财富，无须刻意加工或粉饰，把它活生生摆上来让大家看，就足令世人深深感动。

中国共产党的百年历史中，陨落了多少先烈，有的人倒在了黎明前夕，有的人见证了太阳升起，有的人还未大展宏图，有的人还壮志未酬。那时长征的路是无尽的荆棘沼泽，而今天延乔路的尽头，已是繁花似锦。

埋骨何须桑梓地，人生无处不青山。

艰难困苦，玉汝于成

——读《苦难辉煌》有感

文/陈卓程

引言

　　每当捧起《苦难辉煌》这本书，我便从内心深处油然而生一股敬意。泛黄的书页凝聚着历史的厚重，却也在不断给予我们前行的动力。

　　斯大林长期把中国革命的希望寄托在中国国民党身上，蒋介石终生也没有弄明白，为什么中国的红色政权在他的疯狂围剿之下愈发壮大。

　　"中国革命从来不是一场被看好的革命，中国共产党也从来不是一个被看好的政党"。但就是这样一个不被看好的政党，却从真正意义上完成了中华民族的革命！

　　《苦难辉煌》全书系统地阐释了从大革命到西安事变的历史演变，站在国际大背景之下审视中国共产党的发展历程，揭示了中国共产党成功背后富含生命力、战斗力的坚韧之性！

　　沧海横流方显英雄本色，艰难困苦凝聚玉汝于成；不屈脊梁铸就舍生忘死，苦难创造辉煌！

一、山河破碎风飘絮

20 世纪 20 年代的中国，是西方列强划分利益的肥肉，同样是各种新旧势力博弈的舞台。炮火纷飞却不过是新军阀赶走了旧军阀，轰轰烈烈但仅仅是新地主取代了旧地主，中国革命的未来依然是一片漆黑。中国共产党和中国国民党都诞生在这个苦难的时代，彼此为了共同的理想努力奋斗过，最终却也在历史的洪流中选择了截然相反的两条道路。

1927 年蒋介石悍然发动的"四一二"反革命政变，是中国共产党人心头永久的痛。"宁可错杀，不可错放"，中国共产党遇到了建党以来前所未有的挑战，"白色恐怖"笼罩全国，到 1932 年，死难者便已经超过 100 万人。无数人彷徨、动摇了，昔日如火如荼的工人运动被残酷镇压，共产国际要求中国共产党妥协退让。中国共产党是那么微弱，那么渺小。面对高高举起的屠刀，纵使有许多共产党员选择用笔去控诉，但世界却无法听到他们的声音。

有人脱党离去，也有人视死如归。在生与死的考验面前，李大钊、赵世炎、陈延年、罗亦农等无数共产党员选择了义无反顾，他们倒在了追求理想的路上，死得可惜，更死得壮烈！

一次又一次工人运动锻炼出来的领袖，面对敌人的屠刀却只能站着以死来抗争。蒋介石对枪杆子的熟练运用，让年轻的中国共产党人开始了真正意义上的觉醒：批判的武器永远代替不了武器的批判！枪杆子里面出政权！

此时，春风得意的蒋介石没有料到，这群由他肆意操纵生死的共产党员，未来会成为他最大的对手。当一个人的信仰高于生死，那么这个人便无所畏惧；当一群人的信仰超越生死，那么他们注定要改变这个苦难的世界！

二、天兵怒气冲霄汉

如果说南昌起义的枪声宣告中国共产党开始独立领导武装力量，那么"赣南三整"则是在革命面临瓦解之时，为中国革命保留火种的成功尝试。

当中国共产党人拿起武器，却依然被现实浇了一盆冷水。中国革命未来的路，究竟在何方？

关键时刻，总有中国共产党人发挥中流砥柱的作用，这一次，是朱德。在危难关头，他的演讲稳住了军心，坚定了整支队伍继续向前的勇气。

中国共产党不依靠利益收买人心，更不会以武力胁迫战士，之所以拥有一支永远打不散的队伍，是因为整支队伍有一个共同的信念——为实现共产主义而奋斗。正是这群不可被消灭的战士，挺立起了中华民族近代以来最笔直的脊梁。

随着朱毛会师井冈山，革命根据地逐步扩大，"十六字诀"游击作战方式的推广使得红军的名号响彻中华大地。当农民挥舞着镰刀，当工人高举着锤头，当学生停笔拔枪，"唤起工农千百万，同心干，不周山下红旗乱"。中国的农村深处，逐渐散发出一道希望的光芒。

红军不是常胜将军，国民党军队也并非都是无能之辈，红军拥有穿插游击粉碎国民党军队围剿、攻占长沙的辉煌成就，却同样也有"一个师的阵地硬是被两辆装甲车冲垮"的惨痛教训。

"浒湾、八角亭战斗历时三天，毙伤敌人520余人，红军伤亡和失踪合计1 095人，伤亡重大"。红军战士在战斗中用鲜血染红旗帜。这才是真正的历史，正因如此，我们这些后辈才更加懂得，红军的胜利从何而来，红军的辉煌由何铸就。

三、红军不怕远征难

从湘赣边界到大西南腹地，蒋介石的军队像幽灵般总是尾随红军身后。蜿蜒逶迤的跋涉路线，每一步均是危机四伏，前有堵截，后有追兵，一招一式的博弈，决定了整支军队的命运，乃至整个政党的命运。生存与覆灭，往往就在一瞬之间，二万五千里长征，周恩来也坦言"相当艰难困苦"。

相比于困难现实条件的，更大的困境来自精神层面。"北上抗日"的口号虽喊得响亮，但并不是党和军队领导者的最佳选择。我们要去哪里？我们能去哪里？长征的漫漫征途，同时是一个找寻方向的过程，战略目标的反复更换，四渡赤水的折返行军，直到红军离开根据地一年并转战到甘肃，才从报纸上看到了陕北的消息。

红军虽然不怕困难，远征势必艰难！

在这绝境之中，尽管每一步都损失惨重，红军却依然保持着不灭的斗志，在眼前看不到希望的情况下，红军依然展现出打不散的凝聚力。如果说在湘粤是何健、陈济棠、白崇禧各怀鬼胎，都想着把红军送出自己的地盘，那么在安顺场，这个太平天国翼王悲剧地，红军却用一场胜利宣告自己绝不会成为第二个石达开。

红军战士用急行军创造了光脚赛过机械化行军的奇迹，昼夜兼程行军二百四十里，凭借一双脚底板把不可能变为可能！"安顺场十七勇士""泸定桥二十二勇士"，生死攸关的时刻，总会有人挺身而出，"管他十达开九达开，我们一定能过河"。

这正是红军不可被消灭的原因！不是因为英雄都加入了红军，而是因为他们加入红军，所以成了英雄！这个原因，蒋介石始终没有弄明白。1934年的蒋介石不懂，1946年的蒋介石依旧不懂。

对于长征，毛泽东曾说："长征是宣言书，长征是宣传队，长征是播种机。"长征之后，中国共产党以崭新的面貌出现在中国革命的历史舞台。

长征是中国共产党最苦难的一段岁月，但也是最辉煌的一段岁月！

四、无非一念救苍生

皆从个人苦乐出发，中华民族永远出不了毛泽东，也永远不会有共产党。

自古以来，中华民族从不缺少为民请命的人。当湖南省总工会委员长郭亮的头被挂在长沙城墙上示众时，鲁迅先生就说过："革命被头挂退的事情是很少的。"也说过："不是正因为黑暗，正因为没有出路，所以要革命的么？"

"遍地哀鸿满城血，无非一念救苍生"。这么多年过去了，当年的人纷纷老去，可中国共产党，却永远年轻。一代人之后，更有一代人。我们忘不了永远的县委书记焦裕禄，"绿我涓滴，会它千顷澄碧"，将黄沙漫天的兰考治理为绿洲；我们忘不了身患渐冻症的武汉金银潭医院院长张定宇，在新型冠状病毒感染面前为我们建立起生命的防线……

中国共产党一直在民族救亡、民族复兴的历史进程中坚守自己的时代担当。

正如同《苦难辉煌》结尾所写：

中国共产党人的全部努力、牺牲和奋斗，为了什么？

习近平同志说：人民对美好生活的向往，就是我们的奋斗目标。

一个民族，是在苦难与荣光中开启伟大复兴的征程。

1978：人间正道是沧桑

——读《中国共产党简史》有感

文/宋缪阳

毛泽东同志曾写过："天若有情天亦老，人间正道是沧桑。"阅读《中国共产党简史》后，我深有触动，由这两句词生发了诸多感慨。

就一个世纪历史而言，中国共产党是一个很年轻的政党，但它能够展现出对时代特征超强的阅读能力，对社会主义事业有坚定不移的意志力，筚路蓝缕，以启山林，直到进入 21 世纪"百年未有之大变局"的时代洪流中，依旧永葆初心，砥砺前行，是因为它走在一条"人间正道"上。历经数次挫折与变革，每一位共产党人或许都会发出"人间正道是沧桑"这样的感慨。

作为当代大学生，对于改革开放的历史巨变，或许更能结合自身感受做出更为真实的解读。在此，仅围绕改革开放前后的历史沧桑阐发些许感悟。

一、历史的铺垫

1978 年以前的社会主义探索过程中，尽管中国共产党遭遇了极大的挫折，不可忽略的是，中国共产党在新民主主义革命时期、社会主义革命和建设时期积累的宝贵经验，孕育的革命精神为后来的发展奠定了坚实的精神基础。

邓小平同志在现代化建设中强调，"改革是中国的第二次革命"，一脉相传的革命精神，是 1978 年以前的中共党史留给新一代共产党人最宝贵的精神财富。

马克思说："人民创造自己的历史，但是他们并不是随心所欲地创造，并不是在他们自己选定的条件下创造，而是在直接碰到的、既定的、从过去继承下来的条件下创造。"改革开放前的实践探索为改革开放后的社会主义探索实践积累了条件。

二、伟大的巨变

在中国共产党的正确领导和全体人民的努力下，我们的生活发生了天翻地覆的变化。从最初农村实行包产到户的革命性创举，到轰轰烈烈的国有企业改革，中国发生了自 1949 年以来前所未有的巨大变化。我们开始建设中国特色社会主义，在邓小平理论的指导下，我们探索推行市场经济，极大地发展了国民经济，在军事、外交也取得了举世瞩目的成就。这次伟大的巨变，极大地改变了中国的贫穷面貌，更成为今日中国崛起之路的伟大转折点。

中国人民在中国共产党的坚强领导下，积极应对挑战，依靠自身的不懈努力书写了时代的新篇章。习近平总书记在党的十九大报告中指出："改革开放之初，我们党发出了走自己的路、建设中国特色社会主义的伟大号召。从那时以来，我们党团结带领全国各族人民不懈奋斗，推动我国经济实力、科技实力、国防实力、综合国力进入世界前列，推动我国国际地位实现前所未有的提升，党的面貌、国家的面貌、人民的面貌、军队的面貌、中华民族的面貌发生了前所未有的变化，中华民族正以崭新姿态屹立于世界的东方。"

党和国家大力支持科学技术的发展，并依靠其进步不断带动基础设施完善，促进社会经济文化事业全面发展。

三、思想的斗争

任何一场变革都不是一蹴而就的，理论思想的变革比改革开放本身更加任重而道远。

1992 年，邓小平同志在南方谈话中说："我坚信，世界上赞成马克思主义的人会多起来的，因为马克思主义是科学。它运用历史唯物主义解释了人类社会发展的规律。不要惊慌失措，不要认为马克思主义就消失了，失败了。"

这是一位伟人对马克思主义的坚定信仰对社会主义的执着信念。我们看邓小平的著名论断"不管是黑猫还是白猫，能抓到老鼠的就是好猫"，在当时是需要多大的勇气，才给人民吃下了这一粒定心丸。如今看来，走中国特色社会主义道路是发展中国唯一的正确的选择，是历史的必然选择，是沧桑中孕育辉煌的人间正道！

四、事实的肯定

1978 年的改革开放，今日放眼看来，是思想与政治的双重考验。世界社会主义运动在 20 世纪末进入了低谷，遭遇毁灭性的重创。苏联为什么解体，苏共为什么垮台？ 一个重要原因就是意识形态领域的斗争十分激烈，全面否定苏联历史、苏共历史，否定列宁、斯大林，搞历史虚无主义，思想被搞乱了。

最后，苏联的各级党组织无法发挥任何作用了，军队也不在党的领导下了。 东欧共产主义国家发生剧变，根本原因也是思想的僵化。 这是前车之鉴。

中国共产党坚持正确的思想路线，既肯定了历史，继承了毛泽东思想的精髓和灵魂，又对新的国际形势做出科学判断，结合中国的社会发展阶段做出了及时的调整。

五、辩证的认识

改革开放前后两个历史时期是两个互相联系又有重大区别的时期，但本质上都是我们党领导人民进行社会主义建设的实践探索时期。

虽然这两个历史时期的思想指导、方针政策、实际工作上有很大的差别，但两者并不是彼此割裂的，更不是根本对立的。 我们不能用改革开放后的历史否定改革开放前的历史，也不能用改革开放前的历史否定改革开放后的历史。

对于改革开放前后的历史，我们要坚持实事求是的思想路线，分清主流和支流，坚持真理，修正错误，发扬经验，吸取教训，在这个基础上把党和人民的事业继续向前推进。

在未来，我们在总结改革开放的历史经验时，必然会再次抒发"人间正道是沧桑"的感叹。

百岁政党正青春

——读《中国共产党简史》有感

文/高寒

百年间，伟大的中国共产党由弱小走向强大，带领中国人民从贫困走向富裕，带领中华民族从落后走向繁荣。现在，她正带领我们奔跑在复兴之路上，百岁政党正青春！

今年开学后不久，我收到了本科生党支部下发的《中国共产党简史》一书，仔细阅读该书，重温我党百年辉煌奋斗历史，让我更加深刻地认识了我所向往的中国共产党。坚定信念，永远跟党走。

回顾党的奋斗历程，百岁书卷写满沧桑历史。

1840年第一次鸦片战争的爆发揭开了中国近代史的序幕，在之后的近百年里，西方列强用枪炮一次次强行打开我国国门，数以百计的不平等条约如同一张张无所不至的巨网笼罩在华夏大地上空，列强在政治、经济、文化等方面压榨中国，百姓生活在水深火热之中。1918年，李大钊在国内率先举起马克思列宁主义旗帜。1921年，在浙江嘉兴南湖的红船上，中国共产党诞生了，在中国历史上这是开天辟地的大事。在中国共产党诞生之前，由于缺乏科学的理论指导和可以依靠的社会阶级力量，许许多多的爱国志士为追求民族解放献出了自己宝贵的生命。随着民族资本主义经济的发展，中国工人阶级力量日益壮大，一场新的人民大革命的兴起不可避免，代表工人阶级的政党——中国共产党也应运而生。中国共产党的诞生深刻地改变了中国，沉睡的东方雄狮开始觉醒。

在新民主主义革命时期，以毛泽东同志为代表的中国共产党人把马克思主义基本原理同中国革命的具体实践相结合，在毛泽东思想的指引下，浴血奋战 28 年，推翻了帝国主义、封建主义和官僚资本主义这三座大山，带领中国人民取得了革命的完全胜利，建立了崭新的新中国，结束了旧中国半殖民地半封建社会的历史，实现了人民民主的伟大胜利。在这期间，无数共产党人为了革命的胜利献出了年轻的生命，他们来自五湖四海，为了中国革命胜利这一共同的心愿，抛头颅，洒热血，以自我之牺牲换取革命胜利的果实，他们坚定地信仰共产主义，为组织的事业奋斗到生命的最后一刻。

新中国成立以后，在伟大的中国共产党的正确领导下，我们完成了中华民族有史以来最为广泛而深刻的社会变革，社会主义三大改造的完成，确立了社会主义基本制度。在这一基础上，我国开始逐步恢复社会生产，发展经济，人民的物质生活条件有所好转。但在发展的过程中也存在一些问题，在此之后，我们及时纠正错误，使社会经济发展重回正轨。

1978 年以来，我国历史发展进入新阶段。以邓小平同志为核心的第二代中央领导集体，解放思想，实事求是，明确提出走自己的发展道路，实行改革开放。改革开放让我国人民完成从站起来到富起来的伟大转变。在此之后，中国特色社会主义市场经济体制逐步形成。在"一国两制"的框架下，香港、澳门先后回归祖国，我国迎来了社会发展新局面，也迎来了充满挑战的 21 世纪。

进入新世纪以来，中国共产党人抓住重要战略机遇，聚精会神搞建设，推动构建社会主义和谐社会，不断提高执政能力，继续坚持和发展中国特色社会主义。

党的十八大以来，在以习近平同志为核心的党中央的领导下，中华民族的面貌发生前所未有的改变，办成了许多过去想办而没有办成的大事，我们也迎来了实现中华民族伟大复兴的光明前景。

回望党的百年历史，是筚路蓝缕奠基立业的一百年，是继往开来创造辉煌的一百年。第一个一百年奋斗目标已经实现，在实现第二个一百年奋斗目标的路上，我们大步向前。

自诞生之日起，中国共产党就成为中华民族的中流砥柱，坚定地同广大人民群众站在一起，共同面对一个又一个艰难挑战，从不屈服于各种困难。2008 年，我国发生"5·12"汶川大地震，面对天灾，在党的指挥下，救援队冒着生命危险，先后挺进地震中心区域，抓紧时间抢救生命，挽救生命财产；今天，重返灾区时，那里发生了翻天覆地的变化，当地百姓已经从地震的阴影中走出，开始了全新美好的生活。

2020 年年初，新型冠状病毒感染袭击中国武汉，霎时间人心惶惶，军队医生在除夕夜火速驰援武汉，党和国家领导人亲临武汉指导防控工作。在危险面前，无数党员始终冲在最前面，用实际行动展现共产党员的责任与担当，践行全心全意为人民服务的宗旨和诺言。

"为人民谋幸福，为民族谋复兴"，这不仅仅是口号，更是每一位共产党人的庄严承诺。共产主义信仰犹如黑夜里的一盏明灯，撕破了在中国大地延绵万里的黑暗，并引领人民走向光明。

百年恰是风华正茂，伟大的中国共产党创造了令人骄傲的历史成绩，也必将书写更加辉煌的明天。作为一名在校大学生，一名预备党员，我要扎实学习专业知识，迎难而上，抓住机遇，为早日实现中华民族伟大复兴而不懈努力奋斗。

生逢盛世，书写未来

——读《中国共产党简史》有感

文/俞佳琦

一、忆往昔

"何处望神州？满眼风光北固楼。千古兴亡多少事？悠悠。不尽长江滚滚流"。纵览古今，放眼寰宇，时间的浪潮造就了多少国家，又卷走了多少文明，中华文明为什么能够源远流长、绵延不绝，中华民族如何自立于世界民族之林，这是我们每个人都应该思考的问题。

我们脚下的这片土地，曾经满目疮痍，一度沉沦，任人欺侮，近代以来，多少仁人志士舍身救国，血流漂杵，用生命去寻找救国的方子，用鲜血撼动麻木的心灵。

以笔代刀，剖开社会虚伪的面目，抛头颅洒热血以荐轩辕。在 20 世纪初那个觉醒年代里，十月革命一声炮响送来了马克思主义，心怀国之大者的青年奋力研读，勤于实践，在黑暗中踏着泥泞而坎坷的道路，守着永远真诚而热烈的初心，寻找富国强兵之路，探索真正的民主政治。

中华民族，幸有这些觉醒的灵魂，幸有坚定不移的领袖，幸有危难时刻站起来的人民，方能延续，方有现在的中国。建党以来，历经坎坷，多有磨难，我们回顾往事，往往通过书上的文字，可能无法设身处地地体会先烈们舍身为国的精神，但这些文字是生命无法承受之轻，这些精神是不可磨灭、无法消除的记忆。

二、看今朝

（一）欲知大道，必先为史

习近平总书记指出，全党同志要做到学史明理、学史增信、学史崇德、学史力行，学党史、悟思想、办实事、开新局。"欲知大道，必先为史"，历史是最好的教科书，学习党史、国史，是我们坚持和发展中国特色社会主义、把党和国家各项事业继续推向前进的必修课。

第一，学史则居安思危。无论是事业发展还是个人成长，我们必须把"生于忧患死于安乐"的忧患意识牢记在心。百年非凡历程中，中国共产党人不断总结经验、提高本领、迎接挑战，其中蕴含着的居安思危的大智慧，是宝贵而纯粹的财富。

第二，要以史为鉴。我们要在历史中探求经世致用、治国兴邦的务实举措，将党的百年历史作为营养剂，从中滋养初心、淬炼灵魂，汲取信仰的力量，校准前进的方向。

第三，学史以开创新高，不负韶华。五四运动是以青年学生为主，市民、工商人士等阶层共同参与的反帝反封建的爱国运动。习近平总书记指出："新时代中国青年要继续发扬五四精神，以实现中华民族伟大复兴为己任，不辜负党的期望、人民期待、民族重托，不辜负我们这个伟大时代。"

作为新时代的青年，我们不仅要从党史学习中汲取知识、武装头脑、端正想法，深入持续地学习，温故而知新，更要缅怀先烈、领悟道理、传承精神。一代国学大师辜鸿铭指出："中国人是温良的。温良，是一种同情和人类智慧的力量，真正的中国人有着赤子之心和成人之思，中国人的精神是永葆青春的精神"。

（二）明镜照形，古事知今

习近平总书记在清华大学考察时指出："当代中国青年是与新时代同向同行、共同前进的一代，生逢盛世，肩负重任。"广大青年要爱国爱民、锤炼品德、勇于创新、实学实干，坚定"四个自信"，加强道德修养，明辨是非曲直，敢为人先、敢于突破，孜孜不倦、如饥似渴，脚踏实地、埋头苦干。

作为一名西财青年，当大气为人，大智谋事，大爱行天下。作为一名新时代青年，生逢盛世，要在传承历史印记与革命精神之中扛起民族复兴重任，书写未来。我们要立足中华民族伟大复兴战略全局和世界百年未有之大变局，心怀"国之大者"，把握大势，敢于担当，善于作为，为国家富强、民族复兴、人民幸福贡献力量。

初心勿忘，筑心中红岩

——读《红岩》有感

文/彭雨函

　　"人不能低下高贵的头，乞求换不来自由"。尽管双手被缚、浑身伤痕累累，江姐依旧抬头挺胸，慷慨激昂，悲壮赴死——这是央视综艺《一本好书》第二季开山之作《红岩》中的一幕。一群如"江姐"一般的英雄人物沸腾了观众的热血，亦点燃了观众"探秘"原著的激情。

　　翻开小说《红岩》，一个个熟悉又鲜活的人物重新出现在我的视野里，令人唏嘘不已。

一、殊死搏斗，百折不挠

　　共产党秘密地下组织环环相扣，无数人默默奉献牺牲；成岗同志不分昼夜印刷进步刊物《挺进报》；"集中营"里众人为争人权愤而绝食；江姐的手指被竹签穿破，痛彻心扉，依旧淡定从容；华子良同志不惜装疯多年，只为潜伏于敌人之中；刘思扬同志被释放后再次回到暗无天日的集中营里，只为与同志们共同战斗……

新中国成立前，全国各地相继解放，西南地区的共产党员还在为人民解放大业奋斗着。强弩之末的国民党丝毫不顾忌人性，为求自保，做事毫无下限，企图给共产党制造民不聊生的"烂摊子"，给百姓带来了深重灾难。

也正是在这时，人群中站出许多英勇青年，不惧强权，高举共产主义的旗帜，为人民带来了曙光。

二、星星之火，可以燎原

一腔热血并不必然迎来革命的胜利，革命是坚韧、理想、信念、无畏的混合体，是大公无私的奉献精神。共产党员一旦被捕，即被视为脱党，可是为何还有那么多被拘禁于渣滓洞、白公馆的共产党员在默默为党奉献着？为何酷刑之下他们的身躯依旧笔挺？

因为他们有共同的理想。

敌人深知肉体折磨压不垮共产党人，便改用肉体和精神的双重压榨——只要许云峰同志写下背叛共产党的"自白书"，国民党特务便答应给他自由，并且饶过其战友性命。一边是轻如鸿毛地"写几个字"，一边是重如泰山的性命与自由，然而"鸿毛"背负了"叛党"的名义，触及许云峰同志的信仰，他毅然决然舍生取义。看到战友因为自己的选择而被敌人再次施以酷刑，他心如刀绞。可毒打声盖不住战友们的高呼声——"党中央！毛主席！"集中营里的所有人都坚定地支持着他的决定，因为他们相信酷刑打不倒共产党人，在暗无天日的日子里，有战友的地方就有光。

三、日星隐曜，山岳潜形

暗夜的希望始于生命。"监狱之花"的诞生犹如一道闪电劈开暗沉天际，身陷囹圄的人们如同饿汉饱腹、甘泉解渴，重燃斗志，他们唱起热烈的歌："为了免除下一代的苦难，我们愿把这牢底坐穿！"抗争的人们向特务宣示着他们和平解放的理想和他们至死不渝的斗争精神。下一代的胜利与和平，便是他们的黎明。

虽然很多先烈已然为党牺牲，我们无法与他们相知相识，可我们正生活在他们打下来的江山里，我们便生活在他们梦中的理想国里。身在和平时代的我们，或许不能明白战争的残酷，可是不要忘了，远方还有戍边的战士，还有远离故乡的维和军人，在维系着我们来之不易的和平，"哪有什么岁月静好，不过是有人替你负重前行"。看着身边生机勃勃，高楼耸立，叹着心中风月高霁，岁月无恙，望着祖国一步一步走向繁荣富强，我们经历的每一个平凡的瞬间，不都来源于他们的牺牲吗？

四、五星高照，红旗飘扬

江姐临刑前在烈士血染的红旗上绣了五颗星，代表了信仰与希望。人民群众集合在党的领导下，方能彰显全国人民的向心力。在面对邪恶与不公时，中国人民总是展现出极强的凝聚力。所有试图分裂祖国的行为都会燃起人民的怒火；任何离间民族关系的行为，都会为人所不齿——在新型冠状病毒感染暴发时，我们共同抗击病毒；在对外贸易战中，我们呼吁支持国货。

长城因为每一块砖相互契合而不倒，人民因为紧密团结而不可战胜。

《红岩》里的所有人物都有真实的原型，他们的名字也许并不如雷贯耳，甚至随着时间流逝会在人们的视野中逐渐淡去，只因为他们足够平凡。

社会正是由无数平凡人组成的，可总有人相信"无尽的远方，无数的人们，都与我有关"，愿以绵薄之力做力所能及之事。时代在变化，每个人的责任也随着环境而发生改变，我们无须经历战火、饥荒、严刑拷打，然而我们见到无数白衣战士在新型冠状病毒感染暴发时挺身而出，我们会为被家暴的女孩伸张正义，我们会因国庆档电影而热泪盈眶……

红岩精神不是停留在文字里抑或是凝固在历史中的一个符号，而是我们每一个人心中的正义、理想和信念。我们总会遇到挫折与困难，我们有时会在前行时迷失了方向，但我们坚信理想与信念的力量！

"红岩精神"历久弥新。一路走来，在中国共产党的带领下，我们会逐渐走向繁荣富强，人民生活逐渐安逸富足，这便是"红岩精神"的一种体现。

作为西南财经大学的学子，践行"严谨、勤俭、求实、开拓"的校训，怀揣着"经世济民，孜孜以求"的大学精神不断前行，弘扬"红岩精神"，就走出"小我"，有了"大我"的意义。通识教育塑造我们全面发展，专业课造就我们为栋梁之材，做好学生本分不仅关乎个人发展，更是为家国富强出一份力。一代人有一代人的使命，一代人有一代人的担当，重任已在我们肩上，何惧逆风翱翔？

知史明理，不负山河；心怀信仰，方可行远

——读《社会主义在世界和中国的发展》有感

文/何泓佑

坚持和发展中国特色社会主义，需要我们正确认识世界社会主义的深层理论问题。正确认识世界社会主义的发展，能够增强中国特色社会主义道路自信、理论自信、制度自信、文化自信；能够使我们更加坚定不移地高举中国特色社会主义思想伟大旗帜，不走封闭僵化的老路，也不走改旗易帜的邪路，毫不动摇地坚持中国特色社会主义道路；能够更好地推动社会主义的车轮不断前行，续写社会主义的新篇章。因此，阅读《社会主义在世界和中国的发展》有着特殊的意义。

一、书籍概况

1. 作者简介

许耀桐先生是中国行政体制改革研究会副会长，中共中央党校一级教授，国家社会科学基金学科评审组专家，马克思主义理论研究和建设工程专家，曾为党的十八大、十九大中央国家机关宣讲团成员，受全国各地邀

请，宣讲党和国家的重大战略方针、政策决策。

2. 内容简介

全书共分为八个章节。

在第一章中，作者对资本主义进行了揭露和批判，同时为理想社会做了美好的设计，通过列举社会主义之前采取暴力的手段与和平的方式均已失败告终的事例，系统完整地论述了空想社会主义从群星璀璨到黯然陨落的全过程。

在第二章中，作者通过列举19世纪欧洲工人运动和人类解放事业、社会主义从空想到科学的发展以及马克思、恩格斯对社会主义社会的预见，论述了科学社会主义的坚实崛起和普照之光。

在第三章中，作者讲了第一个社会主义国家的建立过程和苏联模式的形成过程，作者梳理了苏维埃社会主义国家的创立、战时共产主义和新经济政策、列宁关于社会主义建设的基本理论和社会主义制度的建立及苏联模式的形成等相关内容。

在第四章中，作者论述了社会主义从一国到多国的发展、苏联等国家巨变的原因以及对其他社会主义国家的启示，详细论述了东欧社会主义国家的建设和东欧剧变。

在第五章中，作者讲了中国特色社会主义实现马克思主义中国化，具体内容包括：中国社会主义的探索和创立、中国特色社会主义的理论体系、中国特色社会主义进入新时代和中国特色社会主义对科学社会主义的坚持和发展。

在第六章中，作者阐述了中国特色社会主义开辟现代化强国新路，具体内容包括：建设社会主义现代化强国的战略谋划、科技是第一生产力的兴国之路、社会主义市场经济建设的富国之路、社会主义民主建设的优势之路、社会主义文化建设的兴盛之路、社会主义生态文明建设的绿色之路、国防和军队现代化建设的强军之路。

在第七章中，作者具体阐述了中国特色社会主义在政治、经济、文化、生态文明、制度、治党、治国、治军等方面的成功经验。

在第八章中，作者阐释了中国特色社会主义为世界提供的中国智慧和中国方案，为世界社会主义的发展做出了巨大贡献。

一方面，该书分析了世界社会主义的由来与演进过程，揭示了社会主义从空想到科学发展的过程，概述了科学社会主义从理论到实践的演进过程，分析了苏东社会主义国家剧变的原因与教训；另一方面，该书阐述了中国特色社会主义的创立和发展过程，概述了马克思主义中国化的演进历程，总结了中国特色社会主义的成功经验，阐述了中国特色社会主义的世界意义。

这一全面系统的梳理、总结和阐释，既有助于广大读者深化对世界社会主义理论和实践的认识，深化对中国特色社会主义的深刻内涵和独特优势的理解，也有助于进一步增强我们对中国特色社会主义的道路自信、理论自信、制度自信和文化自信。

二、启示意义

在读完整本书后，我深切地认识到：中国共产党带领中国人民取得了巨大成就，中国共产党始终坚持与发展社会主义，这是对历史与现实的检验和肯定，同时对全世界、全人类均具有极其重大的启示意义。

第一，坚持把马克思主义的普遍真理同中国的具体实践相结合，不断推进马克思主义中国化。习近平总书记指出："中国共产党之所以能够完成近代以来各种政治力量不可能完成的艰巨任务，就在于始终把马克思主义这一科学理论作为自己的行动指南，并坚持在实践中不断丰富和发展马克思主义。"

在实际中进行实践和理论的创新，不断认识、把握和利用规律，回应人民和时代的呼声，中国共产党不断把革命理论和革命实践推向前进。习近平新时代中国特色社会主义思想作为当代中国马克思主义、21世纪马克思主义，既与马克思列宁主义、毛泽东思想、邓小平理论、"三个代表"重要思想、科学发展观一脉相承，又与时俱进，极具创新性。

第二，无产阶级政党的杰出领袖是从胜利走向胜利的核心关键，纯洁先进的无产阶级政党的领导是社会主义事业的本质特征。回首中国共产党的百年历史，可以清楚地看到和深刻地认识到，没有杰出领袖的坚强正确领导和纯洁先进的无产阶级政党，要取得革命事业、社会主义建设事业、改革开放事业的胜利是不可想象的。

缺少这一项，事业可能会遭遇极大损失，甚至遭受灭顶之灾，而有了杰出领袖的坚强正确领导和纯洁先进的无产阶级政党，就一定会不断从胜利走向胜利。这既是中国共产党百年历史给我们的启示，也是世界社会主义运动史给我们的启示。

对中国来说，面临世界百年未有之大变局，国内社会主要矛盾已转化为"人民日益增长的美好生活需要和不平衡不充分的发展之间的矛盾"，加之人口众多，要建设成为富强民主文明和谐美丽的社会主义现代化强国，必然离不开杰出领袖的坚强正确领导和纯洁先进的无产阶级政党。

第三，要始终坚持中国共产党的领导。中国共产党的领导力集中体现为党的十九大提出的政治领导力、思想引领力、群众组织力、社会号召力。面对危机灾难时，中国共产党的领导力更是起到了力挽狂澜、扭转乾坤的作用。

2020年春节前夕，新型冠状病毒感染突袭了大江南北。"生命重于泰山，疫情就是命令，防控就是责任"。面对这场突如其来的疫情，党中央统揽全局、果断决策，坚持人民至上、生命至上，举全国之力快速有效调动全国资源和力量，指挥防控和救治两个战场协同作战。实践再次证明，中国共产党具有无比坚强的领导力，是风雨来袭时中国人民最可靠的主心骨。

三、个人感悟

大学生在社会中的角色不同于其他社会群体，肩负的历史使命和责任重大。社会对大学生的要求是德才兼备，而且"德"永远是放在第一位的。因此作为一名普通大学生，要坚持全面发展，更要坚持社会主义道路不动摇。

1. 树立共产主义理想信念，做新时代有志青年

习近平总书记在党的十九大报告中明确指出："青年一代有理想、有本领、有担当，国家就有前途，民族就有希望。"青年时期的毛泽东同志始终对事关民族国家前途命运的"大本大元"问题抱以极大的关注，他在二十五岁离开湖南前往北京，在那里他切身体验到了山河破碎的悲恸，也正是在那里，他遇到了影响自己一生的李大钊同志。从此，毛泽东同志将家国情怀转化为救国救民的革命实践，正式踏上了共产主义革命的道路，领导着中国共产党走向胜利，为中国人民开创了一个崭新的未来！作为当代的有志青年，我一定要珍惜在大学的宝贵时光，认认真真、勤勤恳恳地做好自己的本职工作——做一名优秀的大学生，努力、刻苦、勤奋学习，多学知识，多增才干，多长见识，为将来践行习近平新时代中国特色社会主义思想打下坚实的基础，为实现中华民族伟大复兴的中国梦贡献智慧与力量。

2. 加强自身的思想政治修养，筑牢理想信念之基

我们要认真学习习近平总书记在庆祝中国共产党成立 100 周年大会上的重要讲话精神，以及党的十九大、二十大精神；要树立坚定正确的理想

信念，"人生如屋，信念如柱，柱折屋塌，柱坚屋固"。 信念就像房屋梁柱一样，如果信念坍塌了，房屋自然就垮了。 作为一名当代大学生，我应该刻苦学习，不断增加自己的专业技能知识，提高自己的政治修养，更应该牢记我们党全心全意为人民服务的宗旨。 在今后的实践中，我还必须不断地学习和总结，发现和改正自己存在的不足，全面提高自己各方面的素质。 在平时的学习和生活中我就应该从一点一滴的小事做起，用实际行动证明自己，不断进取，矢志不渝、孜孜不倦地为社会主义工作，为共产主义理想奋斗终身。

3. 自觉学习党史中涌现的英雄人物的精神

信念如磐，一脉相承。 回望我们党走过的百年征程，正是无数共产党人，以坚强的信念、坚定的信仰、豪迈的气概，撑起了百年大党的铮铮脊梁，铺下了民族复兴之路的块块基石。 在党史学习教育动员大会上，习近平总书记指出："在一百年的非凡奋斗历程中，一代又一代中国共产党人顽强拼搏、不懈奋斗，涌现了一大批视死如归的革命烈士、一大批顽强奋斗的英雄人物、一大批忘我奉献的先进模范，形成了一系列伟大精神，构筑起了中国共产党人的精神谱系，为我们立党兴党强党提供了丰厚滋养。"

在这些人中，有"砍头不要紧，只要主义真"的夏明翰烈士；有"此去泉台招旧部，旌旗十万斩阎罗"的陈毅将军；还有那写《我的"自白书"》的陈然烈士，他在狱中写下"人，不能低下高贵的头，只有怕死鬼才乞求'自由'"。

我们这一代年轻人，生长在新中国，我们成长的每一步，都与党的关怀有密切的联系。 从小时起，党的光辉形象就深深地铭刻在我的心中，鼓舞着我前进。 后来我又通过学习历史文化知识知道中国共产党是中华人民共和国的唯一执政党，是中国工人阶级的先锋队，是中国各族人民利益的忠实代表，是中国社会主义事业的领导核心。

作为一名大学生，我应该自觉学习党史中涌现的英雄人物的精神，加强对中国共产党的认识，深入挖掘其中的故事，用心去体会党的光辉历程。 坚定不移听党话、感党恩、跟党走，勇做时代的弄潮儿，在实现中国梦的生动实践中放飞青春梦想，在为党和人民利益的不懈奋斗中书写人生华章！

红星闪耀，辉照中国

——读《红星照耀中国》有感

文/文雅楠

1936 年，中华民族正处于内忧外患之中。 外敌的觊觎，连年的内战，让中国的土地支离破碎，让中国的人民痛苦不堪。 当时的中国，巨富贪得无厌，赤贫啼饥号寒，剥削、压迫、不公随处可见。 在共产主义社会，人人平等自由，人民思想觉醒，未来充满希望。 漫漫长夜，红星闪耀，尽管微弱，光芒却似利剑，划破黑暗。

那些充满着希望的地方，就是中国共产党领导下的"红区"。 而那带来希望的红星，就是中国共产党。"红区"之外的人们，对中国共产党知之甚少。 国民党试图围堵、绞杀他们，最终惨烈失败；又转而大肆诋毁、污蔑他们。 真真假假的消息中，中国共产党逐渐壮大，他们如满山野草，生生不息，蔓延不止。

为什么处于这样的劣势里，中国共产党仍然能取得如此的成就？ 为了了解中国共产党，美国记者埃德加·斯诺克服重重困难，穿越层层封锁，深入红区，历时数月，将所见所感、所想所思记录下来，并整理成了这本纪实性文学《红星照耀中国》。

这本书没有波澜起伏的情节，没有晦涩华丽的辞藻，仅仅只是按照时间顺序，真实地记录了斯诺的见闻，语言平实。在前十章的内容里，斯诺记录了中国共产党的基本政策和当时红区的一些工作，毛泽东的经历，长征中的几次重大战役，红色根据地的基本社会制度，红区百姓的生活状况，红军的情况，等等。第十一章"回到保安去"，则是斯诺自己的思考。

在该书的第一章，斯诺就抛出了一系列的问题，这些问题的答案我几乎可以脱口而出。这些答案，在思政课上，在讲座中，我听过无数次："因为只有中国共产党领导的革命道路才是适合中国国情的，因为中国共产党是人民的政党。"但只有真正深入阅读这本书，通过斯诺的记叙，和他一起了解中国共产党时，我才真正明白这些答案的含义。

斯诺提到："中国没有任何不可能，只要按照中国的方式去做。"

他也说："共产党对中国具有实际意义，适合中国国情。"

中国共产党就是适合中国的政党，也是会在中国创造奇迹的政党。作为"局外人"，我已经知道了在这百年内共产党创造了怎样的奇迹。但斯诺却能在西安事变前就隐约感受到，因为他切实感受到，在那样艰苦的情况下，共产党带来的变化。

斯诺此前一直生活在北平，北平金碧辉煌的宫殿屋顶之外，"还有一个苦难、饥饿、正在遭受着外国入侵的中国"。但在红区，农民有土地，工人不会被压迫。"有自由，有尊严，有希望，这一切还有发展的空间"。

中国共产党还带来了思想解放浪潮。斯诺提到"在共产主义运动中，没有比红军剧社威力更大、运用得更巧妙的宣传武器了"。

在当时的农村，农民精神生活极其匮乏，红军剧社演出的戏剧是不可多得的娱乐。而这些戏剧，多从军事、政治、经济、社会方面的问题取材。"对于那些心存疑惑的农民来说，他们的疑问通过这种幽默易懂的方式得到了解答"。在之前，斯诺看见许许多多农民在苛捐杂税的压迫下家破人亡。

他也曾发问，为什么不反抗。 而在中国共产党领导下的红区，农民们觉醒，加入红军，拿起武器捍卫自己的权利。 中国农民并不愿逆来顺受；中国农民不是懦夫。 他们会起来斗争，只要有方法，有组织，有领导，有切实可行的纲领，有希望——并且有武器。 这一切，都是中国共产主义运动带来的。

在第八章的第六节，斯诺就用整节的篇幅描写了一场红军政治集会。集会上，红军战士们发言，他们有形形色色的背景，有的是城市工人阶级家庭出身，有的是农民出身，甚至有的人以前还是国民党军。 在他们的发言中，谈得最多的是百姓对红军和对国民党军的不同态度。

百姓惧怕、憎恶国民党军。 红军是中国共产党的队伍，对于红军，百姓们都充满爱戴和拥护之情。 直至今日，解放军与人民也是有如此密切的关系，一如当年红军与百姓的军民鱼水之情。

通过这样深刻的对比，我和斯诺一样，直观地体会到，只有共产党才是适合中国的，只有中国共产党才能带领中国走出贫穷，走向富强。

正如书名《红星照耀中国》，中国共产党象征着红星。 黑夜里的星星不但能驱赶黑暗，还会为迷失的人指路。 共产党的重要目标之一，"就是要震撼并唤醒中国农村的亿万民众，唤起他们的社会责任感，唤醒他们的人权意识"。 因此，中国人能真正站起来，自己当家作主，为新中国而斗争，为共产党期待的正义、平等、自由和富有人类尊严的生活而斗争。

回到第一章提出的问题之一，为什么红军在对抗国民党军的过程中能节节胜利，不但一直挺到现在，力量还得到了壮大？ 毛泽东告诉斯诺："这是因为红军和苏维埃政府已经把他们区域内的全体人民紧紧团结起来了。 苏区的每一个人，都时刻准备着抗击压迫者，为他的政府而战斗，并且每个人都自觉自愿地，为了他自身的利益和他信仰的真理而战斗。"人民愿意为了守护他们的红星而战斗。

斯诺结束了他的红色之旅不久，西安事变就爆发了，随后国共合作开始。 红星的光芒更加耀眼，无数革命人士在中国共产党的指引下，在正确的道路上，为着中华民族的未来战斗；他们的信仰、热情、希望汇聚在一起，让共产党的力量更强大，红星闪耀，即使在黑夜也宛如白昼。

在之后的日子里，党始终带领着中国人民，为广大人民的利益，为中华民族的复兴，为中国的富强，为共产主义的实现，进行艰苦卓绝的斗争和不懈的奋斗。 中国共产党在以前，在现在，在未来，都是指引中国前进、照耀中国前进道路的耀眼的红星！

第二篇　学史明理

百年党史，辉煌党梦

——读《中国共产党简史》有感

文/朱显琳

翻看《中国共产党简史》，每一页都是红色足迹。一百年风雨兼程，一百年砥砺前行，如今山河壮丽，生生不息，再次回望中国共产党的漫漫征途，我不禁热泪盈眶。

一、筚路蓝缕创业艰

18世纪的西方已经开始了工业革命，此时的中国还沉浸在康乾盛世的美梦中，殊不知，盛世中已然孕育衰败危机。

1840年，英国东方远征军用坚船利炮轰开国门，"天朝上国"梦被震得粉碎，隆隆炮声终于唤醒国人。

中华儿女自古就有"天下兴亡，匹夫有责"的责任信念，内忧外患的局面促成了漫长的救亡图存运动。然而，尽管革命人士满腔热血，却抵不过残酷现实，从太平天国农民运动到维新变法，再到义和团运动，都以失败告终。

愈挫愈勇的中国人并未就此放弃，斗争从未停歇，辛亥革命就在中华民族濒临毁灭的境况下历史性地爆发了，遗憾的是，它没有彻底改变中国的危难处境。 先进分子处于彷徨之际，俄国十月革命吹来一阵春风，为中国带来了马克思主义。 五四运动为中国共产党的成立播下了种子，1921年7月，在陈独秀、李大钊等人的领导下，13名党员在浙江嘉兴南湖的一艘红船上成功召开党的一大，中国共产党在风雨中诞生，从此中国革命面貌焕然一新。

革命永远都不是一帆风顺的，虽然国共合作增加了新的血液，还是压不住蒋介石的反共面目，1927年的反革命政变导致大批共产党人被捕杀，全国党员数量骤减，革命形势更加动荡。

可是，就算微弱的萤火也要驱散黑暗，八七会议确定了土地革命和武装起义方针，革命的旗帜再次飘扬。 共产党人艰难求索，建立井冈山革命根据地，成功开辟了一条农村包围城市，武装夺取政权的新道路，新的浪潮已经到来。

从井冈山到遵义会议，共产党人在革命的道路上披荆斩棘，经历生死攸关的转折点；二万五千里漫漫长征，共产党人仅凭一双双草鞋翻山越岭，跨过千山万水，终完成战略转移；十四年抗战，共产党人抛头颅洒热血，保卫华夏河山，在战火中发展壮大；四年解放战争，共产党人浴血奋战推翻了国民党反动统治，终得胜利！

1949年10月1日，伴随着毛主席一声"中华人民共和国中央人民政府今天成立了"，中华儿女迎来了满园春色。

二、峥嵘岁月换新天

历史已经拉开了新的序幕，此时的新中国百废待兴，党带领中国人民完成了从新民主主义到社会主义的过渡，探索出了自己的社会主义道路。从模仿苏联到独自探索，共产党人摸黑前行，在一穷二白的基础上建立起了较为完善的工业体系和国民经济体系，两弹一星的相继问世又为新中国的国防体系增添了浓墨重彩的一笔，短短三十年就取得了旧中国从未有过的进步。

如果说新中国成立后到 1978 年是站稳脚跟，是迷茫又充满希望的阶段，那改革开放之后，便是中国的飞跃时期。

1978 年 12 月 18 日至 22 日，党的十一届三中全会的召开开启了改革开放和社会主义现代化的伟大新征程。以邓小平同志为核心的党的第二代中央领导集体，带领全国人民开创了中国特色社会主义道路，中国形成了对外开放的新格局，建立了社会主义市场经济体制，提出了"一国两制"的构想。

以江泽民同志为核心的党的第三代中央领导集体，面对国内外纷繁复杂的形势，带领全党全国各族人民，坚持党的基本理论和路线，坚定地捍卫了中国特色社会主义。

以胡锦涛同志为总书记的中央领导集体，抓住重要的战略机遇期，积极推进实践创新、理论创新和制度创新，在全面建设小康社会的伟大实践中，成功发展了中国特色社会主义。

党的十八大以来，以习近平同志为核心的党中央带领全国人民谋篇布局，回答了在新时代要怎样坚持和发展中国特色社会主义这个重大时代课题，推动了中国特色社会主义进入新时代。

在一代代共产党人的带领下，中国已实现沧桑巨变，成为世界第二大经济体。嫦娥奔月、丝路驼铃、蛟龙潜海，我们把神话变成现实，创造出了一个又一个世界奇迹，中国声音响彻世界。

三、百年鸿志谱华章

时至今日，中国共产党已走过风风雨雨一百年，在神州大地上留下了永不磨灭的痕迹，书写出一部壮丽的华夏史诗。红船一路乘风破浪，成长为魏巍巨轮，正带领中华民族走向伟大复兴。

正如习近平总书记所说，"当今世界正处于百年未有之大变局"，如今国际社会和国际体系正在发生深刻变革，我们站在两个一百年奋斗目标的历史交汇点上，征途还很漫长，但不管处在哪个历史节点上，我们的党初衷不改，坚定不移，始终坚持以人民为中心。

我们坚信，中国共产党终将带领全国人民实现中华民族的伟大复兴，党旗将永远在神州大地飘扬！

述往思来，向史而新。建党百年之际，党史学习正当其时。我们需要回眸历史，赓续红色血脉，承担新时代属于我们的责任。

实践是检验真理的唯一标准

——读《给青少年的共产主义读本》有感

文/张洁

共产主义究竟是什么？ 怎样实现共产主义？

这是两个高深且又见仁见智的问题，读完这本书之后，我对于共产主义感触颇多，对这两个问题也有了一些自己的解读。

本书的开篇用形象的比喻清楚地解释了"共产主义是什么"。

原文说道："共产主义是消除一切罪恶的社会，在那里人们不用像现在一样吃苦头。"这里的"现在"指的是资本主义，人们在资本主义社会里受尽苦难。

这句话也解释了我们要寻找"共产主义"以及寻找最好的"共产主义"的原因——我们要用共产主义这味"药"，来治好"资本主义"这种"病"。

同时我也从书的最后一部分了解到更为具体的共产主义，主要是通过人们在共产主义中具体的生活方式来诠释的，比如，"在这个社会里，每个人都得到相同的工资，资产阶级承诺的平等在物质上可以被兑现""生产资料被共享，包括那些使用它们的人的财产""每个人都能自主生产并公平交易，钱被废除了""每个人都能得到社会的财富，就像他们对生产的贡献一样，'劳动的收益'——没有减少或剥削""将人们的真实需求置于提高生产力之上的社会"等等。

对共产主义展开的研究很多，可以说"一千个读者就有一千个哈姆雷特"，要想找到一个认可度较高的答案，我们需要明白这个前提即对共产主义的定义以及实现共产主义方案的探索，这两者是不可分割的。简而言之，我们没法在未实践共产主义的情况下给出共产主义的概念，否则我们将会很容易陷入乌托邦式的幻想；我们也没法在完全不知道"共产主义是什么"的情况下谈论"如何实现共产主义？"，否则我们可能永远都跳不出资本主义社会的局限。

实践是检验真理的唯一标准，我认为实践是指对共产主义的不断探索过程，真理是指对共产主义定义的不断完善。

该书的六种设想为我们展现了人们对于共产主义的不同看法以及实践。这些设想层层推进，是一个不断产生问题又修正问题的连贯性过程，尽管最后可能没有真正得出实现共产主义的方案，却为共产主义道路的探索提供了些许借鉴。

一号设想的主题是平均主义。

该设想是以自由资本主义社会下由价格恶性竞争最后引起了经济危机为背景，为解决有效需求不足、产能过剩、失业率高等一系列问题，人们认为"钱"是能解决资本主义所引起的问题的关键因素。因此该设想采取的方案是收入上"削高填低"，国家采用宏观调控方式进行收购，也就是平均主义。但是其中也暴露出不少问题。比如，生产力的束缚并不能让这种仅仅进行资源的"物理集中"的平均主义真正地实现。

二号设想是高度集中的计划经济体制。

该设想是对供需平衡、公平的思考。设想提出的问题解决方案为实行高度集中的经济体制。结合我国历史上的计划经济体制时期，不难发现其中的问题。比如，供需矛盾在利己主义下进一步深化，权力过分集中滋生腐败，贫富差距进一步扩大，等等。

三号设想让人们沦为"物"的奴隶。紧接着四号设想机器代替人力，想要通过机器来解放生产力，从而达到摆脱被"物"支配的命运。但是在大机器时代享乐主义盛行，催生懒惰风气，完全以机器代劳的社会生产模式使得人们只图享乐，社会潜在发展动力不足。同时人们忽略精神上的获得感（幸福感、自我实现感），片面强调物质满足感，从而人们再次落入被"物"所控制的陷阱中。

就像北欧的福利国家模式，利用本国相对丰富的经济资源，构建起从摇篮到坟墓的社会保障体系。在这套体系中，由于工人不掌握生产资料，缺乏生产积极性，无法从根本上促进生产力的发展，因而也不能摆脱被物化的命运，这也不是自我解放的道路。

为了解决滋生的懒惰问题，该书又提出五号设想，即公平效率之争。实施的方案是按劳分配（多劳多得，少劳少得），人们可以通过自己的劳动来获得与劳动量等价的回报，但其背后仍然潜藏着巨大的问题，如公平性问题，即每个人的能力、需求不同，简单的"多劳多得，少劳少得"不利于社会的公平性。最后产生被"物"所控制的问题，即人们在斤斤计较产品分配的过程中忘记了寻求共产主义的初心。

最后一个设想为民主的产生，这也是最接近共产主义的设想。在这个设想里，"人既不能做什么人的奴隶，也不能做什么东西的奴隶""人们按照自己的意思，来改变他们想要改变的任何事情"。这就不得不引出我们对于民主的思考了，所谓"民主"，即每个人都有权利提出意见，接受统一调度，权力分散而不乱。人们成立了民主大会，大家一起商量做什么，虽然意见各有不同，但不必追求完全统一的意见，为了趋近一个大多数人都满意的状态而不断一起努力，这就足够了。

反观当今社会，"物"控制人的现象越来越普遍，这也值得正在探索共产主义的我们好好思考。所谓"物"控制人就是书中所说的"时间一长人们就忘记了这些是他们自己创造出来的东西，而且很快人们就开始转而为这些服务了"。

当今时代，消费主义盛行。各大购物平台纷纷"造节""京东6·18""淘宝双11"等购物节层出不穷，我们正在创造许多需求。物品被赋予了更多的附加值，而非其本身的价值。"办卡不健身""买书不看书"，诸如此类，我们买的不是商品，而是对商品背后生活方式的幻想。物品被抽象提炼成了符号，成了标签，而非其本身。

也许我们可以停下来，审视一下自己的生活，我们真的需要这些东西吗？

什么是共产主义？怎样实现共产主义？我想我已经有了自己的答案……

读到苦难辉煌，悟得春华秋实

——读《中国共产党简史》有感

文/范靖涵

四季流转，如诗如画，美不胜收。党史百年，又何尝不是波澜壮阔，浩浩荡荡。中国共产党的历史和春夏秋冬契合，蕴藏着深奥的生命真谛，谱写着奋进的动人旋律。

一、春风杨柳万千条，从党史中感悟"春"的生机勃勃

1978 年，十一届三中全会确定了"改革开放"的伟大决策，1979 年，"春天的故事"开始唱响。改革开放像春风春雨一般，滋润万物，让深圳这片热土沸腾了起来，给深圳带来了希望。改革开放 40 多年，中国的面貌焕然一新，中国开始走向繁荣富强，人民的生活发生了翻天覆地的变化。

一个巴掌大的小渔村变成了国际化的大都市，一座座摩天大楼巍然耸立，一条条繁华的街道经纬交织。"改革不停顿，开放不止步"，在 2021 年新年贺词中，国家主席习近平强调改革开放创造了中国的发展奇迹，今后

还要以更大气魄深化改革、扩大开放，续写更多"春天的故事"。

"十四五"时期，我国进入新的发展阶段，面对复杂的国内外环境，我们只有毫不动摇地坚持党的领导，求真务实，敢闯敢试，才能将改革进行到底，续写更多"春天的故事"。

二、热风吹雨洒江天，从党史中感悟"夏"的革命热情

从洋务运动到百日维新，从辛亥革命到五四运动，无数革命先烈、仁人志士为了革命事业抛头颅、洒热血，前赴后继，甚至献出了宝贵的生命。

我们不能忘记伟大的革命先驱李大钊在绞刑架下进行的最后一次演说时的慷慨激昂："不能因为你们今天绞死了我，就绞死了伟大的共产主义！我们深信，共产主义在世界、在中国，必然要得到光荣的胜利！"

我们不能忘记中共莲花县委书记刘仁堪碧血丹心的故事，他被敌人割去舌头，仍不屈服，而是忍着剧痛，用脚趾头蘸上鲜血，在站立的方桌上隐隐约约地写下了"革命成功万岁"几个大字。我们不能忘记杨靖宇将军牺牲后，日军解剖了他的尸体，胃里只有草根和棉絮，没有一粒粮食。邓玉芬、焦裕禄、雷锋、邱少云、刘胡兰……一个个耳熟能详的名字时刻提醒我们要不忘初心、牢记使命，缅怀革命先烈，传承红色基因。

三、战地黄花分外香，从党史中感悟"秋"的硕果累累

春天播种下希望，秋天必将收获累累硕果。百年来，在中国共产党的领导下，中国由一个被外国列强侵略的半殖民地半封建国家变为世界第二

大经济体和科技强国，走出了一条新时代中国特色社会主义道路，创造了"中国奇迹"，取得了举世瞩目的辉煌成就。

2020年，国内生产总值突破了100万亿元大关，经济实力、科技实力、综合国力跃上一个新的大台阶。"一带一路"倡议推动沿线65个国家和地区走上了共同发展、实现共同繁荣的合作共赢之路，建设成果丰硕；2021年，脱贫攻坚战取得全面胜利，现行标准下9 899万农村贫困人口全部脱贫，832个贫困县全部摘帽，12.8万个贫困村全部出列；推动新时代全面从严治党取得了历史性、开创性成就，产生了全方位、深层次影响，中国人民的幸福感和获得感更是前所未有。

四、更喜岷山千里雪，从党史中感悟"冬"的坚毅刚强

380余次战斗，攻占700多座县城，牺牲营以上干部430余人，经过14个省，翻越18座大山，跨过24条大河，走过荒草地，翻过雪山，行程约二万五千里，长征堪称是人类历史上的伟大奇迹。

毛泽东同志对红军长征做出高度评价："长征是历史纪录上的第一次，长征是宣言书，长征是宣传队，长征是播种机。路上遇着了说不尽的艰难险阻，我们却开动了每人的两只脚。"

新型冠状病毒感染疫情席卷全球，一批批医护工作者、志愿者、建设者、社区工作者战斗在一线，以生命赴使命，以挚爱护苍生。党员冲锋在前，与病毒搏斗，展现了共产党员的本色。在这场前所未有的考验中，中国共产党为打赢病毒防控的人民战争、总体战、阻击战提供了坚强有力的根本政治保证。我们坚信：在中国共产党的坚强领导下，中国人民必将创造出新的辉煌！

五、结语

　　知所从来，方明所往，欲知大道，必先为史。 山河浩荡，岁月悠长，凡有所思，必有所得。 时序更替，华章日新，我辈之族，奋起当先！

胸怀千秋伟业，恰是百年风华

——读《中国共产党简史》有感

文/周耀月

1921 年的夏天，芦苇悠悠，他们从上海石库门到嘉兴南湖，划着一艘小小红船，展开了中国共产党的故事。

光影流转，风雨如磐。 这艘小小的红船啊，承载着人民的重托、民族的希望，越过急流险滩，穿过惊涛骇浪。

2021 年的今天，正值中国共产党的百年华诞。 昔日里那艘小小的红船，已然成为领航中国行稳致远的巍巍巨轮。

21 世纪，再回首，却是随回忆跌入历史的长河之中。 上一个时代是波涛汹涌的时代，它孕育了中国共产党的诞生，从而开启了波澜壮阔的百年征程，百年奋斗，百年探索，百年成长，百年辉煌！ 从中国共产党全国第一次代表大会到中国共产党全国第十九次代表大会，中国共产党在新民主主义革命时期完成救国大业，这是开天辟地；中国共产党在社会主义革命和建设时期完成兴国大业，这是改天换地；中国共产党在改革开放和社会主义现代化建设时期推进富国大业，这是翻天覆地；中国共产党在中国特色社会主义新时代开启全面建设社会主义现代化国家新征程，这是惊天动地。

在这四个历史时期，中国共产党完成和推进了四件大事，四件大事铸就了中国共产党的百年辉煌。百年征程波澜壮阔，百年大党风华正茂。

中国共产党自始至终坚持以人民为中心，一百年来，中国共产党围绕政治、经济、文化、社会等方面不懈努力，求真务实，取得了历史性变革和成就，为人民时时服务。

国泰方可民安。就政治而言，百年之前，中国历经艰难困苦，备受他国欺辱，究其根本，是因为国力不济，那是一个"砧板上的鱼肉，任人宰割"的时代。在以"三钱"为代表的科学家的夜以继日的研究下，终于绽放出了"两弹一星"这朵横空出世的绚丽之花。而其背后的"载人航天精神""两弹一星精神"熠熠生辉；后继者受先辈精神的指引，他们知其所来，明其所趋，继往开来，坚定前行。于是，从中国共产党成立早期的单一兵种蜕变为诸军兵种组合而成的强大军队；从千疮百孔的国防体系转化为完整的国防科技和国防工业体系；在政治的舞台上，从一个低头默语的跟随者成为敢于为自己发声的舞者。在强大祖国的庇护下，在中国共产党的集中统一领导下，中国人民的底气更足，腰杆子更直。

1901年，中国被迫签订了丧权辱国的《辛丑条约》，但两个甲子过去，世界还是那个世界，但中国却不再是那个中国了。同是辛丑年，境遇却截然相反。2021年的中美高层战略对话上，中方代表理直气壮、有理有利有节维护国家主权和尊严的举动，得民心、顺民意、长志气。在中国共产党日益坚强成熟的今天，国家话语权得到了极大的提升，人民的自豪感油然而生。

经济发展是人类面临的最重大的挑战。面对这样一个时代课题，中国共产党带领中国人民艰苦奋斗，筚路蓝缕，终于推进我国经济迈上新台阶。新中国成立后，中国共产党领导人民从解决温饱问题到全面建成小康社会的历程，既是一部奋斗史，也是一部血泪史，更是中国历史上浓墨重彩的一笔。

截至 2020 年年底，我国国内生产总值突破 100 万亿元，意味着我国经济实力、科技实力、综合国力又跃上一个新的台阶。十一届三中全会是中国经济腾飞的制胜关键：中国经济从封闭走向开放，从疲软走向活跃，目前改革开放又迈出新步伐，社会主义市场经济体制日渐完善，市场主体更加充满活力，推动建设更高水平的开放型经济发展新体制。

对于经济新发展，中国共产党立足于正在经历的百年未有之大变局，结合自身优势和特点，加快构建以国内大循环为主体、国内国际双循环相互促进的新发展格局。在经济发展过程中，追求创新、行稳致远无疑是中国共产党做经济战略规划的有力抓手。

政治以及科技是构建国家硬实力的物质力量，文化则是提升国家软实力的精神力量。文化是民族的血液，在中国共产党的统一领导和有力方针的指导下，文化这一民族血液愈来愈鲜活，也越来越深入人心。中国共产党成立早期的文化是闭塞的、滞后的。鉴于此，中国共产党确立了我们国家文化发展和文艺发展的"二为"方向和"双百"方针，也达到了"百花齐放，百家争鸣"的目标。

十一届三中全会确立解放思想、实事求是的思想路线。四十多年来，中国在改革开放的路上越走越宽，越走越远。

无数文化工作者坚持不懈地进行艺术追求，推动中国特色社会主义文化发展。一方面体现在文艺创作日益繁荣，文化工作者热情提高；另一方面体现在公共文化服务体系基本形成，文化市场和文化事业蓬勃发展，文化体制改革不断深化，文化建设的保障体系更加完善。

纵观历史长河，中国共产党从一穷二白到日益强盛，中国从筚路蓝缕到蒸蒸日上，中国人民从辛酸苦楚到喜笑颜开。一百年的光景，这般如梦如幻，令人向往。横观中国当前的历史性变革和成就，涉及经济建设、政治建设、文化建设、社会建设和生态文明建设"五位一体"总体布局：中国共产党立足经济根本，强化政治保证，守护文化灵魂，掌握社会建设条件，夯实生态基础，"五位一体"总体布局稳步实施部署。 由此，经济建设取得重大成就，深化改革取得重大突破，民主法治建设迈出重大步伐，人民生活不断改善，生态文明建设成效显著，昔日的蓝图已然成为今日的盛景。

中国共产党是马克思列宁主义武装起来的无产阶级政党；是密切联系群众始终代表中国各族人民的最根本利益的毫无私利的党，是代表先进社会生产力发展要求、先进文化前进方向和最广大人民的根本利益的党，是为中华民族的伟大复兴不懈奋斗的党。

从南湖红船上的 13 个人到现今的 9 000 多万名党员，中国共产党这一大党胸怀千秋伟业，将带领中国昂首阔步再出发。

青年兴则国家兴，青年强则国家强。 青年一代有理想、有本领、有担当，国家就有前途，民族就有希望。 身为 21 世纪的新青年，回望历史，中国共产党的百年征程使我们为之震撼！

新的时代号角已然奏响，欢庆党的百年华诞的旋律准备就绪，而身为新时代的我们，自当接过这把火炬，让它发光发热，在中国共产党的领导下，续写不朽史诗！

新时代青年大学生党员的"青春篇章"

——读《中国共产党简史》有感

文/张翔

欲知大道，必先为史。2021 年是"十四五"规划的开局之年，是中国共产党成立 100 周年。站在"两个一百年"奋斗目标历史交汇点，作为一名长在红旗下、成长于新时代的青年大学生党员，参加党史学习教育，做到学史明理、学史增信、学史崇德、学史力行，自然是题中之义。于是，我迫不及待地投入到对《论中国共产党历史》《中国共产党简史》《毛泽东、邓小平、江泽民、胡锦涛关于中国共产党历史论述摘编》《习近平新时代中国特色社会主义思想学习问答》等重点书籍的阅读与学习之中，修好党史这门"必修课"，练好学思相融、以学促行、学用相长这个"基本功"。以下便是我在学习中的所思、所悟、所得、所获。

一、学有所思：在深学党史中明理，坚定理想信念

回眸中国共产党一百年的历程，红船精神、井冈山精神、长征精神、延安精神、红岩精神、抗美援朝精神、抗震救灾精神、脱贫攻坚精神……

一座座中国共产党人的精神丰碑巍峨矗立。

心中有信仰，脚下有力量。中国共产党人的精神力量无疑是对马克思主义、共产主义、社会主义信仰最全面、最美丽、最生动的诠释，既是中国共产党人精神上的"钙"，也是我们党之所以具有强大生命力、感召力、引领力的关键所在、精髓所在。邓小平同志曾说道："过去我们党无论怎样弱小，无论遇到什么困难，一直有强大的战斗力，因为我们有马克思主义和共产主义信念。有了共同理想，也就有了铁的纪律。无论过去、现在和将来，这都是我们的真正优势。"

心有所信，方能行远。身处新时代的青年大学生党员势必是伟大斗争、伟大工程、伟大事业、伟大梦想的亲历者、实践者，这就要求我们始终坚定对马克思主义的信仰，始终把共产主义和社会主义作为毕生的追求，将党的精神内化于心，将党的光荣传统和优良作风外化于行。换而言之，就是要把好"强信念、强信仰"这个总开关，聚焦"听党话、跟党走"这个总目标，持续增强"四个意识"，坚定"四个自信"，做到"两个维护"。

二、学有所悟：在深学党史中增信，感悟初心使命

翻开厚重的百年历史画卷，李大钊、张思德、刘胡兰、邱少云、董存瑞、雷锋、孔繁森、焦裕禄、廖俊波等英雄人物、先进楷模的形象跃然眼前。

不忘初心，方得始终。百年党史是一代又一代中国共产党人顽强拼搏、不懈奋斗的真实写照，在此过程中涌现了一大批视死如归、宁死不屈的革命烈士，涌现了一大批艰苦奋斗、不屈不挠的英雄人物，涌现了一大批甘于奉献、忠于职守的先进模范。无一例外的是，他们都把全心全意为

人民服务作为自己唯一的宗旨，他们始终坚信国家富强、民族振兴、人民幸福的"中国梦"终将实现。诚如习近平总书记在党的十九大报告中所讲："中国共产党人的初心和使命，就是为中国人民谋幸福，为中华民族谋复兴。这个初心使命是激励中国共产党人不断前进的根本动力。"

志存高远，根植情怀。一个人的梦想唯有与国家的前途、民族的命运相结合才有价值，一个人的理想只有与社会的需要、人民的利益相一致才有意义。

作为青年大学生，作为新时代大学生党员，除了要把学习作为首要任务，学好新知识，吸收新思维，练就新技能，还应该精准地定位自己的人生坐标与奋斗目标——深植厚培"一枝一叶总关情"的人民情怀，秉持"江山就是人民，人民就是江山"的朴素理念，把群众呼声作为"第一信号"，把群众需求作为"第一选择"，把群众利益作为"第一考虑"，把群众满意作为"第一标准"，真抓实干，率先垂范，答好"我是谁、为了谁、依靠谁"这道历史大考题。

三、学有所得：在深学党史中崇德，严于律己修身

八七会议、遵义会议、延安整风运动、整风整党运动、拨乱反正、全面从严治党、"三严三实"专题教育、"两学一做"学习教育、"不忘初心、牢记使命"主题教育、党史学习教育……中国共产党的百年历史就是一部勇于刀刃向内、壮士断腕，不断进行自我革命、自我净化、自我完善、自我提升，练就"打铁必须自身硬"功夫，永葆生机与活力的蜕变史。

猛药去疴，久久为功。习近平总书记指出："勇于自我革命，是我们党最鲜明的品格，也是我们党最大的优势。"通过全面、系统地学习百年党史，我对习近平总书记的重要论述有了更加深入、更加直观、更加全面

的理解，我真真切切地领会到，我们党之所以能够始终走在时代前列，成为中国人民和中华民族的主心骨，成为经得起各种风浪考验、朝气蓬勃的马克思主义执政党，是因为我们党有承认并改正错误的勇气，敢于一次次拿起"手术刀"革除自身的各种"病症"。

即知即改，立行立改。 当代中国正经历着历史上最为广泛、最为深刻的社会变革，各种思潮并存，民粹主义、消费主义、泛娱乐主义、文化保守主义、历史虚无主义、新自由主义等汹涌而入。 这不仅要求我们青年大学生党员提升去伪存真的本领——用历史视野、历史思维、历史逻辑去分析、去判断、去指正，分清什么是善，什么是恶，分清什么是对，什么是错；也要求我们提升真改实改的能力——坚持历史唯物主义和辩证唯物主义思想，加强党性锻炼和道德修养，经常性地开展批评与自我批评，常态化地与自我进行思想交流、思想交锋，不断掸去思想上的尘埃，持续改正自身行为上的瑕疵，经得起风浪、挡得住诱惑、守得住底线，以一颗"净心"与我们的党同心同德、同心同向、同心同行。

四、学有所获：在深学党史中力行，迸发奋进动能

进行新民主主义革命，进行社会主义革命，开展社会主义建设，实行改革开放，奋进新时代……中国共产党的百年历程是历经筚路蓝缕奠基立业的一百年。

功崇惟志，业广惟勤。 一百年来，中国共产党带领人民，由小到大，由弱到强，从胜利走向胜利，走出了一条中国式的革命、发展、改革道路，无不是凭着"闯"的精神、"创"的劲头、"干"的作风。 这也正应了习近平总书记的一席话："奋斗不只是响亮的口号，而是要在做好每一件小事、完成每一件任务、履行每一项职责中见精神。"

珍惜韶华，不负青春。处在新的历史起点上，征程就在脚下，奋斗就在当下。我们青年大学生，特别是大学生党员，无疑是党史的见证者和传承者。我想，我们无论是在学习上、生活上还是在社会实践中，都应该把发扬老一辈革命家"宜将剩勇追穷寇，不可沽名学霸王"的革命精神放到重要位置，把保持"进"的思想、"进"的状态、"进"的姿态放到突出位置，从现在开始，从今天开始，从身边的一点一滴、一砖一瓦做起，以抓铁有痕、踏石留印的劲头去书写好新时代大学生共产党员的"青春篇章"！

大国追梦，大道致远

——读《中国共产党简史》有感

文/包诺亚

忆峥嵘岁月，迎辉煌百年。 这是共产党不忘初心、砥砺前行的百年，这是勇于探索，不断奋斗的百年。 今天站在中国共产党成立一百周年重要节点，阅读《中国共产党简史》，深感共产党人"不破楼兰终不还"的执着精神。 新时代的我们更需牢记党恩，以精神指引实践，奋力激情克万难。

我带着敬畏之心品读《中国共产党简史》，领略中华民族在苦难中追梦，中国共产党在时代激流中把握船舵，乘风破浪。 中华民族向来不屈，从器物变革，到思想变革，最终推翻封建制度；从新中国成立到如今无比接近民族伟大复兴，中国人民总是在摸索中前行。 一声炮响，俄国十月革命给中国带来了马克思主义。

中国共产党的成立，为饱受困苦的中国人民带来了光明和希望，是开天辟地的大事件。 从此中国人民开始谋求民族独立、人民解放和国家富强、人民生活幸福，从此就有了主心骨。

一、梦想之花萌芽

1921 年，梦之初始，有志青年破茧而行人间正道，以时代为己任，奋勇而攀高峰。 一路前行，用初心和使命浇灌梦想。

1. 星星之火，可以燎原

20 世纪初，中国社会是城市买办阶级和乡村土豪占统治地位的社会，且新军阀对人民有着更为残酷的剥削，对外又有帝国主义对中国权利的干涉。 在这种两面夹击举步维艰的困境下，中国共产党的道路何去何从呢？因为有了白色政权的长期分裂，红色政权才会有机会生存下去。 所以1927 年北伐失败后，国民党右派顽固势力汪精卫、蒋介石等背叛合作，大肆捕杀共产党人，国共合作宣告破裂，南昌武装起义打响了武装反抗国民党反动统治的第一枪，但是敌人过于强大。 在秋收起义后，中国共产党选择在井冈山开辟革命根据地。

2. 遵义会议，党内调整

铁骨铮铮，翻山越岭，万里豪迈；壮士战歌，慨当以慷。 峥嵘岁月，迎来苍松依旧，这就是共产党的长征之精神气节。 历史的演变有着一定的趋势，时代选择了共产党，一定会以某个特殊时间段展其傲骨。 博古、李德深受苏联共产国际思想影响，却忽视了中国国情，在战斗中坚持"左"倾冒险主义错误理论，导致第五次反围剿失败。 中国共产党被迫放弃革命根据地，向湘西地带进行转移。"红军不怕远征难，万水千山只等闲。"爬雪山，过草地，飞夺泸定桥，皓月长空下，那一群为中国抛头颅洒热血的战士无惧艰难险阻，谱写了一首首壮志凯歌。 就是这般精神气节，本可勇破来犯之千军万马，但是在博古、李德的"左"倾思想的严重影响下，由开始的"左"倾冒险主义，到搬家式逃跑主义。 若不转变理念，共产党时刻有倾覆的可能。 在此背景下，中国共产党召开了一次重大的会议，即遵义会议，中央大部分领导对于中央军事领导层面的错误问题基本达成一致意见。

遵义会议之初，博古总结经验教训时说：敌人的力量过于强大。 但是博古却完全忽视主观决策的问题，第四次反围剿取得了成功，敌人被我方击溃，那时敌人力量同样强大。 针对此次问题，周恩来、毛泽东等人先后对博古等为代表的"左"倾主义进行分析。 最后大部分人支持了毛泽东的意见，在思想上取得一定的统一，这对后期的决策部署有一定的积极作用。 如今回顾这段历史，我们不难发现人总是对于自身认识存在不足，此时要及时地进行自我反思。 在客观认识自己的前提下，我们要听取别人的建议，不能顽固不化，要采纳好的意见并对自身行为进行改良，在日后生活与生产中才能够全方位地提升自我。

二、梦想之花成长

1. 抗日战争，勇抗强敌

抗日战争中，面对日军的铁蹄，我们仅靠小米加步枪对抗敌人，前面的战士倒下，后面的战士继续高举抗日大旗。 一寸山河一寸血，山河故土留忠魂。 就是凭借着此般豪迈精神，我们才能逐渐从战略防守转向战略进攻，最终赢得胜利。

书中也谈及抗日战争根据地的建设问题，其中重要的一点便是依靠群众，坚持从群众中来到群众中去的工作方法。 坚持为人民服务需要加强党建。 在根据地土地上，受到红色文化的熏陶，党的文化深刻影响着党员干部，他们实事求是，艰苦奋斗，敢闯新路。

在抗战的过程中，一些对党的路线不坚定的干部，没有把人民群众作为一切工作的出发点，存在严重的"不作为"现象。 这类现象更起到一种警醒作用，时刻提醒着当时的同志，要坚持党的领导，加强自身责任意识，认真贯彻落实全心全意为人民服务的理念。这是推动我们党的建设的责任要求，是党内作风建设工作责任的体现。只要自身素质过硬，面对强大的日本帝国主义也不会畏惧。

2. 调整作风，坚持抗战

"国人皆如此，倭寇何敢！"不得不说，如果当时四万万同胞团结一心，侵略者就算有再大的本领，我们也能战胜。抗日战争时期，多少红军战士抱着炸药包英勇无畏地纵身一跃，与敌人同归于尽，多少红军战士抱着手榴弹直接向前冲，这就是国人之坚定不屈的意志，为保护国家，舍生忘死。

国家有难，战士们不顾生死，战斗到底，壮我中华之脊梁。我深刻明白保家卫国是我们每个人义不容辞的责任。如今实现中华民族伟大复兴是我们每一个人义不容辞的责任。时代在变化，但是精神可以成为永恒。我们要学习伟大的抗战精神，带着这般精神气节出发，在学业上刻苦努力；在生活中，用实际行动践行自己的责任与担当！

3. 不断战斗，统一全国

1945 年重庆谈判，国共双方达成"双十协定"。1946 年国民党全面撕毁"双十协定"。敌强我弱，要取得战争的胜利，还是需要依靠群众。在战略防御阶段，中国共产党推行减租和保障生产政策，群众能够有切实的收获。中国共产党保护的是广大农民阶级的利益，农民愿意挑起扁担跟党走，因此根据地扎得稳，扎得牢。在一次又一次的自卫战争中，中国共产党一次又一次粉碎了国民党的进攻。因为中国共产党始终代表人民的利益，俗话说"得民心者得天下"。学生队伍加入反对国民党军队的大潮当中，蒋介石政府已经处在被全民包围的环境当中。但是蒋介石下面的士兵仍旧采用逮捕、镇压、迫害等方式对待手无寸铁的学生，因而激起民愤，再次证明蒋介石政府已经离倒台不远了。

随着广大人民群众的加入，局势从战略僵持阶段逐渐转到战略反攻阶段，从辽沈战役开始，中国共产党采取了先解放东北地区，再从外到里逐渐形成一个大包围的战略。平津战役后，蒋介石的败局基本已定，眼看大势已去，提出划江而治，对于中国共产党而言，决不允许出现祖国分裂的局面。

三、梦想之花绽放

到了新的时代，十一届三中全会后，以邓小平同志为核心的党的第二代中央领导集体带领中国走向改革开放，走中国特色社会主义发展道路。确定沿海开放城市，发展特区经济，以沿海城市先富裕带动中西部城市的发展。

邓小平同志面对"文革"之后满目疮痍的"烂摊子"，义无反顾地站了出来，担下时代复兴的重任，带领人民群众走中国特色社会主义道路。

中国梦，复兴梦，梦在前方，前路险阻；中国梦，腾飞梦，路在脚下。在以江泽民同志为核心的党的第三代中央领导集体的带领下，以"三个代表"重要思想为指导，成功把中国特色社会主义推向21世纪。在以胡锦涛同志为总书记的中央领导集体的带领下，中国共产党坚持科学发展观，对标高要求，实现新发展。在以习近平同志为核心的党中央的带领下，以习近平新时代中国特色社会主义思想为指导，带领广大人民群众脱贫致富奔小康。新的思想引领着新时代的发展，新的使命让我们开启新的征程。"十四五"时期，面临新的挑战，我们要坚持以习近平新时代中国特色社会主义思想为指导，继续朝着目标稳步迈进，这样我们才能实现2035年的伟大愿景。

2020年，新型冠状病毒感染肆虐全球。习近平总书记先后召开多次重要会议，敏锐洞察、果敢决策，科学指引、沉着应对，因时因势制定重大战略策略。在党中央坚强领导下，中国人民风雨同舟、众志成城，发扬"一方有难、八方支援"精神，构筑起疫情防控的坚固防线。至今，疫情已得到有效控制，我国经济在全球率先复苏，这都离不开党的坚强领导。新型冠状病毒感染疫情加速了世界格局的演变，面对错综复杂的国际环境带来的新矛盾新挑战，历史的接力棒传到了我们的手上。我们要更加紧密地团结在以习近平同志为核心的党中央周围，以"踏平坎坷成大道，斗罢艰险又出发"的顽强意志，向着中华民族伟大复兴的目标继续前进。

四、心得感悟

1. 坚定信念，筑梦未来

读罢全书，我进行了深刻的思考。是什么让中国共产党人在如此困难的局面中获得成功，在苦难中成就自我，在艰难险阻中造就了辉煌。我想，是一种信念，一种为中国崛起而努力的信念。

2. 艰苦奋斗，迎难而上

无论遭遇了怎样的艰难和险阻，也不管经历了多大的挫折和挑战，共产党人都始终坚持着自己的革命道路和理想。他们迎难而上，坚定不移，丝毫不更改自己的志向，这是一种多么无畏的精神。新时代我辈必当坚定信心，在生活和学习中做到不忘初心、牢记使命，迎难而上，全力以赴地对待每一件事情。

3. 砥砺前行，大道致远

2021 年是中国共产党成立一百周年，百年间，中国共产党走向成熟。今天的我们作为承上启下的重要一环，如何走好我们的长征路才能够对得起祖辈的付出，对得起党对我们的殷殷期盼？如何在前行中不被大浪打翻并握紧船舵，航行致远？ 我们应在内心暗暗发誓：不管未来身处何地，不管未来能够有多大的建树，这一路一定是不问耕耘，不问收获，努力向前走，既然已经选择，那就要为实现中国梦而努力奋斗。

中国共产党为什么能行，是因为在立下志向之后，中国共产党坚定理想信念不动摇；在前行的过程中，坚持以马克思主义为指导，不断走出我们的时代新路。 新时代的我们要坚定理想信念，为党和国家贡献青春和力量。 中国梦一定能实现！

第三篇　学史力行

砥砺奋斗，自强不息

——读《平凡的世界》有感

文/许玲

2021年是不平凡之年。回顾过往，中国共产党已走过一个世纪，带领着中国人民消除了绝对贫困；展望未来，中国共产党将持续推进改革开放，为中国人民谋取更大福祉。值此百年之际，品读红色经典，感悟红色文化，学习红色精神，传承红色命脉，是新一代青年"舍我其谁"的责任担当。

在经典作品《平凡的世界》中，有这样两处情节，其一是改革开放前，双水村第一次自发性改革，即"双水村大队第一生产队一九七八年农业作业组生产合同"在历经层层上报后，最终还是收到了"坚决抵制"的指示情节。这处情节生动地体现了在改革开放前，受制于特定的政治环境以及思想局限，因循守旧、畏手畏脚的做法风行。其二是孙少安在改革开放后破产，仍然受到县上支持，贷到三千元巨款的情节。这处情节则体现了改革开放以后，国家鼓励创新创业政策的施行与落实。

值得一提的是，第二处情节还涉及一个重要人物——周文龙。周文龙在改革开放前是极"左"派，在改革开放后却积极开拓县内文化经济事业，并在孙少安贷款成功事件中起到了决定性的作用。

这个人物充分体现了改革开放对于领导干部思想进步的重要促进作用。 结合上述事件以及人物的分析，再结合作者路遥提出的一个十分重要的观点，即"真正意义上的一个国家，一个民族的进步，不仅仅在于其物质上的飞跃，更是一个民族思想上的前进"。 我们不难发现，改革开放的伟大成就绝不仅仅是田福堂所发现的那样，在改革开放后，"离开了他田福堂，双水村不仅没事，反而今年是不会有饿肚子的人了"，这是民族开拓精神的进步和政治智慧的升华。

当然，小说家一家之言可能有不确切的地方。 结合现实，在改革开放四十余年以来，中国不仅在 2010 年确立了世界第二大经济体的地位，还在 2021 年全面消除了绝对贫困，除此以外，近年来，中国经济在世界的贡献率超过了 15%。 不得不说，在中国共产党的带领下，在改革开放伟大决策的推动下，中国经济得到了前所未有的发展，中国人民获得了前所未有的幸福。

不仅是经济上的发展，据悉，2019 年，在党的领导下，我国针对教育的投入首次超过了 5 万亿元，投入占比连续 8 年超过国民生产总值的 4%，这为进一步提升国民素养，提高人民福祉，推动国家富强提供了坚实的基础，这也是量变到质变的思想发展的重要举措。

因此，改革开放彰显了党的魄力，保障了人民的权益，捍卫了人民的幸福，更坚定了新一代青年矢志感党恩，听党话，跟党走的信心与决心。

百年征程，荣光岁月。 一个政党持久的生命力来自其初心、使命、担当、实干。 无论是理论的提出，还是实践的开拓，其本质都是人的开拓。因此，对一个政党而言，它的干部体系是验证这个政党的科学性和合理性的重要考核标准。

在《平凡的世界》中，田福军无疑是一个重要人物，在他身上也体现出了中国共产党的魅力与魄力。

他为民着想，进入深山荒村，咽下搓手成灰的糠团子；他不顾个人安危，力抗重压，为乡民分发粮食；他锐意进取，为黄原修铁路而奔赴北京，最终获得了中央的支持。 在田福军的身上，体现了党员领导干部的勤修善己，为国担当。 正是这样的党员干部，这样的优秀团体，使青年坚信中国共产党可以为中国创造更美好的未来，使青年可以有家国天下的榜样力量与信念指引。

在《平凡的世界》中，还有一段很令人动容的描述："周恩来，人民的总理，人民的公仆，人民的儿子，他的伟大正在于他始终代表了中国普通人民的意志与愿望。 这是一个不能用言辞说尽的光辉的名字。"中国共产党选择为人民服务，人民也选择了中国共产党。 近年来，党中央坚定不移全面从严治党，坚持"老虎""苍蝇"一起打，保持反腐败高压态势。

"青年是祖国的未来、民族的希望，也是我们党的未来和希望"。"砥砺奋斗，自强不息"是每一个新一代青年的义不容辞的责任。 中国青年应当始终在中国共产党的领导下，在改革开放伟大旗帜的指引下，矢志成为有理想、有本领、有担当的肩负民族复兴大任的时代新人，为创建一个富强民主文明和谐美丽的社会主义现代化强国而不断奋力前行。

解放思想，不懈奋斗

——读《太阳照在桑干河上》有感

文/朱慧

全国各地，压迫太甚。 工人农人，十分苦痛。

土豪劣绅，横行乡镇。 重息重租，人人怨愤。

——红军第四军司令部布告（1929 年 1 月）

土地是财富之母、农业之本、农民之根。

土地制度则是国家最为重要的生产关系安排。 2021 年是我国农村改革 43 周年，也是"十四五"规划的开局之年，习近平总书记强调，新形势下深化农村改革，主线仍然是处理好农民与土地的关系。

而关于土地改革的故事，有很长的历史可以谈。

一、太阳照在桑干河上——历史一隅

在过去的封建社会中，农民始终都是被压迫和被剥削的对象，封建制度下地主阶级拥有绝大部分土地，农民只有很少的甚至没有土地。 为了获得赖以生存的土地，在 2 000 多年的封建社会历史中，爆发了数百次农民战争，他们为此做出了无数的斗争和牺牲，然而直到旧中国时期，"凡天下田，天下人同耕"，"有田同耕"的"理想"依旧只是一纸空文。直到中国共产党掌握政权以后，在解放区积极推行土地改革，实行"耕者有其田"的政策，广大农民才真正拥有了属于自己的土地，拥有了推翻压迫和剥削的基础。

《太阳照在桑干河上》正是丁玲深入土改前线，响应毛主席 1942 年在延安文艺座谈会上提出的"文艺是为工农兵服务的"主张，根据其见证和推进解放区土地改革的经历和见闻，倾注情感与使命所作的文学作品，这也是她第一次以农民、农村为主题所作的长篇小说。

从这部作品中，我们可以一窥当年土地改革时中华大地上掀起了怎样的波涛，在土地改革的历史大背景下中国农民扮演了怎样的角色，翻身做主人的思想如何萌芽并渐渐长大。

关于作品中的人物塑造，正如丁玲自己所说，作品中的人物是不完美的，而正是不完美才让作品显得更加真实，暖水屯的支部书记张裕民不是没有缺点的，农会主席程仁也有自己的私心，土改工作组的文采同志也存在纸上谈兵的不足，他们不可能一眨眼成为英雄，但他们中很多人也是从农民中成长起来的。毫无疑问，他们是土改初期走在最前边的人，是先锋战士，是探路领路人，是那个时候不可多得的人，他们从这里前进，最终成为崇高的人。

在作品中，丁玲塑造的群像真实饱满，让人仿佛置身于当时如火如荼的土地改革之中。暖水屯的村民们大多真实而良善，但也存在旧世界农民固有的落后思想，在斗争过程中展示出不坚定、怕被报复、认命的思想。

正是这种矛盾的统一才让形象更为饱满，而对于压迫和剥削农民的封建地主，作者丝毫不掩饰其憎恶和鄙夷之情，用直观而真切的笔触塑造出钱文贵、江世荣等狡猾奸诈、欺软怕硬的形象。而双方形象的对比也能侧面反映出土地改革的复杂性和曲折性。

　　整部作品实际上是暖水屯土地改革的整个过程的呈现和记录，完整再现了一个最具普遍性但又不乏代表性的农村土地改革从酝酿、发展、退缩最终到成功发动群众推翻地主阶级的斗争过程。

　　这是一部缩略的土地改革史，也是一部农民思想解放史，除了暖水屯，在党的主持和推动下，全国上下有千千万万的农民开展土地改革的斗争，最终获得了土地，将骑在农民头上的地主阶级狠狠摔在了地上，真正翻身做了主人。　太阳不仅照耀在桑干河上，更照进了中华大地，照进了百姓的心里。

二、群像的共性——思想隐疾

　　"地主重重压迫，农民个个同仇"，然而，农民想要真正翻身做主人，不仅要在行动上做斗争，更要不断解放思想。

　　在千百年的封建历史中，农民起义层出不穷，真正撼动封建统治并获得成功的却一个都没有。　这与农民的特性是离不开的，封建农民长期经历压迫，他们是善于忍受的，他们是认命的，害怕反抗、害怕改变的思想是一直存在的。

　　在小说中贫民侯忠全第一次获得象征一亩半土地所有权的红契，却悄悄将其还了回去，他对命运投降，将一切苛待都宽恕，将一切苦难都归结于命运，他被剥削的不只是劳动，连精神和感情也被吸血者俘虏去了。

　　地主钱文贵在最后时刻依旧秉着那副封建作风，咬着嘴唇横着眼睛睃着台下的人，企图用以往的恶霸威风震压住斗争他的群众，他还抱有幻想和奢望，然而面对群众的强势斗争，他却立即卑微求饶，看来封建地主果然都是些外强中干、狐假虎威的假把式。

支部书记张裕民算得上是先进分子，领导暖水屯开展生产和管理，主持土改工作，他深知老百姓希望得到土地却又不敢出头，但是在工作中他也动摇过，面对抗属钱文贵，他在纠结和犹豫，他知道钱文贵的所作所为，却也难以下定决心去和他斗争。

　　上面派下来的土改工作组文采组长会不惜花一个上午的时间起草发言稿，在群众大会上大谈特谈，谈的都是些又大又空的内容，足足讲了六个小时。　他还会不待见组员杨亮等人深入基层的行为，认为他们做的事情意义不大，反过来他自己却始终高谈阔论，拿不出实际的方案……

　　他们只是无数土地改革过程中存在的各种人物的缩影和代表，在真正的土地改革过程中，这样的人不计其数。　他们或许深受封建思想荼毒，不敢反抗；或许抱有侥幸心理，不知天已经变；又或许在犹豫和动摇，不敢挑战"权威"……

　　土改过程中遇到的阻碍是十分复杂的，被压迫着的人们普遍存在不敢反抗、不敢出头的局限思想，而此时，唯有动员一个阶级起来一同反抗才能实现斗争的目标，当获得一次具有代表性的成功以后，群众会明白他们是有力量的，他们的信心也会随之提高。　而在这个过程中，群众中的先进分子也在不断成长着，张裕民从群众的活动中看到了群众团结在一起的力量，更有了开展工作的勇气，文采的自高自大思想也被群众的力量和智慧纠正。

　　几千年的恶霸威风和剥削者的传统，曾压迫了世世代代的农民，农民在这种力量下一贯是低头的，在解放翻身的疾风暴雨到来之前又踌躇起来。　习近平总书记曾说："冲破思想观念的障碍、突破利益固化的藩篱，解放思想是首要的。　在深化改革问题上，一些思想观念障碍往往不是来自体制外而是来自体制内。　思想不解放，我们就很难看清各种利益固化的症结所在，很难找准突破的方向和着力点，很难拿出创造性的改革举措。"

　　而此时，唯有解放思想，团结群众，让百姓真正明白人人平等的意义，打破阶级的思想局限性，这样一个阶级才会真正崛起。

三、结语

《太阳照在桑干河上》是丁玲深入生活的产物，"纤笔一枝谁与似，三千毛瑟精兵"，她将自己的亲身经历和观察融入作品，用笔杆生动地记录了 20 世纪 40 年代华北甚至全国上下土地改革的情况，对农民和地主阶级的塑造还原真实而有代表性，为后世留下了观摩那段斗争岁月的窗口。

中国共产党成立 100 周年的当下，红色名著会给予我们更多的反思和启示，尽管那段波澜壮阔的岁月已经成为历史，但前人的奋斗功绩将长久地激励我们不断前进，为实现中华民族伟大复兴的中国梦不懈奋斗。

红色照耀中国，照耀世界

——读《西行漫记》有感

文/李佳翀

　　《西行漫记》记述了埃德加·斯诺于 1936 年 6 月至 1936 年 10 月，在中国西北革命根据地（后来以延安为中心的陕甘宁边区）通过采访、对话和实地考察后的所见、所闻、所感。这部著作的出版，凿开了当时中国国民党对中国共产党"铜墙铁壁"般的新闻封锁，涤荡了中国国民党对中共形象的污名化和国际社会对中国的"刻板印象"，让全世界认识到"红色政权"的真实情况。

　　正如它的书名，"红色照耀中国"，还照耀世界。无论是国内还是国际，这部著作的影响力极为深远——在它的鼓舞下，更多仁人志士奔赴"圣地"延安，投身救亡图存的革命；美国的对华政策也因之发生深刻改变，开始在抗日战争的大背景下，认识和理解中国共产党对于美国的战略价值。

　　在全世界对"红色政权"知之甚少的状况下，作为第一本真实描绘中国红色区域政权的著作，《西行漫记》的影响力非常之大；并且，斯诺作为"他者"的身份所讲的故事，也更容易跨越文化的障碍，让西方受众听得进去。但抛开这些因素，斯诺作为一个记者，他以独特的写作技巧、手法和叙述视角，在有限的篇幅内把这些复杂的人物、事件和背后的原因讲述得生动有趣。这是斯诺版本的"中国故事"风靡世界的原因之一，也值得我们思考和学习。

《西行漫记》真实、立体、全面地展示了一个新生的"红色政权"蓬勃向上的精神面貌——大到毛泽东同志对国际形势、抗日战争和共产党基本政策的论断，小到普通党员和民众的言行举止和人生经历——构成了传神而又立体的影像。在对人物的刻画上，斯诺笔下的红军战士活灵活现，毛泽东同志的形象是"面容瘦削、看上去很像林肯的人物，个子高出一般的中国人，背有些驼，一头浓密的黑发留得很长，双眼炯炯有神，鼻梁很好，颧骨突出"，周恩来同志是"个人清瘦，中等身材，骨骼小而结实，尽管胡子又长又黑，外表上仍不脱孩子气，又大又深的眼睛富于热情"……斯诺让这些堪称"民族脊梁"的大人物变得如此平易近人，仿佛我们身边的普通人。

而即便是普通党员和民众这样的"小人物"，他也都进行了"无偏爱"的刻画，如讲述他们的家庭出身、经历、加入中国共产党的原因，等等。

事实上，因为价值观的差异，对于许多西方读者来说，关于中国文化中的"集体"，对于崇尚个人主义的西方人来说是比较难以理解的。斯诺自己在书中也有感而发，毛泽东的叙述"不再是'我'而是'我们'了；不再是毛泽东，而是红军了；不再是个人经历的主观印象，而是一个关心人类集体命运的盛衰的旁观者的客观史料记载了"。

如果只是"客观的史料记载"，这样的故事必定难以打动人心。但斯诺正是通过把中国共产党人身上所共有的一种精神，一种信仰，具象化为一个个有血有肉的个体，他们有各自"殊途同归"的人生选择，其中有像周恩来这样的知识精英，也有出身穷苦的农民。透过这些个体的故事，斯诺以一种有别于政治宣传的方式，讲述了中国共产党如何凝结了社会不同阶层对国家未来的愿景,告诉了世界"红星"为什么以及如何照耀中国。在我看来,这或许是一种视角,来解释为什么斯诺所塑造的中国共产党形象能够被西方读者所认同。

《西行漫记》产生的巨大影响,让我们深刻认识到,向世界讲述好"中国故事"的重要性。当前,"加强国际传播能力建设"的任务面临着新的历史语境——如果说当时,国际社会以一种"好奇"的眼光看着半殖民地半封建的中国如何在黑暗中摸索民族独立的道路,而今天,崛起的中国已然走近世界舞台中央,为构建人类命运共同体做出积极贡献。正如习近平总书记强调:"我们有本事做好中国的事情,还没有本事讲好中国的故事?我们应该有这个信心!"

我们生活在一个伟大的时代,每天都有源源不断的"素材"在发生。如何"把当代中国发展进步和当代中国人精彩生活表现好展示好,把中国精神、中国价值、中国力量阐释好",是每一位新闻宣传工作者的使命。

《西行漫记》给我的启示是,要讲好中国故事,就要把中华民族波澜壮阔的奋斗历程,具象化为每一个生活在其中的个体的奋斗史,体现他们的获得感和满足感。此外,要多层次、不同角度地讲好故事,还需要"他者"的视角。今天,许多新时代的"斯诺"们就住在我们身边,与我们同步感受着中国的变化。用一位学者的话来说,要"让更多的'斯诺'加入中国故事的'大合唱',用不同的语言唱响中国,让中国故事像蒲公英一样飞向世界各个角落。"

感悟党史之新陈代谢，承精神以共创未来

——读《论中国共产党历史》有感

文/王淑娴

"历史是古老的，又是永远新陈代谢的。"正如陈旭麓先生所言的那般，中国的历史也一直在经历着属于它的，那独一无二的新陈代谢过程。

从生物学的角度上看，新陈代谢是生命体不断进行自我更新的过程，如果新陈代谢停止了，生命也就结束了。对于历史，其实也是如此。回顾中国的近现代史，不免发现，在漫长的历史长河中，维新、改良、革命等，像一把把尖刀，刺向腐旧的制度与思想。

中国人民在大时代潮流的裹挟下，英勇地冲破曾经紧紧束缚他们的枷锁，同时破旧立新，在自我更新中创造一个又一个奇迹，让中国从险被时代遗弃到重新站立在世界的大舞台上并发挥积极的大国作用。

在中国共产党的带领下，我们一步一探索，一步一总结，总结出了独属于中国的前进道路——中国特色社会主义道路。正是沿着这条正确的道路，我们在党的带领下一路高歌前行，一步步站起来，富起来，强起来！

回顾中国近现代史，中国共产党始终扮演着重要角色。正如历史教科书中所写，自从有了中国共产党，中国革命的面貌就焕然一新。而翻开《论中国共产党历史》这本书，站在中国共产党的角度再度回首这段历

史，我脑海中产生了新的感悟。

《论中国共产党历史》一书，收录了习近平总书记 2012 年 11 月 29 日至 2020 年 11 月 24 日关于中国共产党历史的重要文稿 24 篇，这些文稿被编者按照一定的章节顺序编入书中。与传统的历史书不同，这本书并不是简单地讲述中国共产党的历史，从字里行间中，我们能够深切感受到习近平总书记在述说这些历史时心中的情感激荡，感受到蕴含在这些文字背后的红色精神。它们在革命、建设、改革中被创造，又在实践中被反复锻造，如今在新时代依旧散发着耀眼的光芒，激励着每个中国人前进。

正如木心先生所言："历史无新事，历史也不抄袭。"前车之鉴，后事之师。反复研读《论中国共产党历史》，不难发现，中国共产党的奋斗历程中既有创新，又不忘经验总结。

也正因此，中国共产党才能由青涩一步步走向成熟，带领中国人民成功站起来，富起来，强起来。今日再度重温这段历史，我们能从中总结出许多适用于新时代发展的经验。

"居之无倦，行之以忠"。自 1921 年中国共产党成立以来，中共党员始终坚持全心全意为人民服务的宗旨，坚持从群众中来到群众中去的工作路线。

谷文昌同志在东山县工作十五年，带领全县人民拼搏奋战，将一个半荒漠化的孤岛建成海上绿洲，不仅使当地群众摆脱了苦日子，还为后期持续发展打下基础。无论是北京奥运会、上海世博会的计划筹办，还是汶川地震、新型冠状病毒感染时的高效救援，各级党组织党员干部都充分发挥了先锋模范带头作用。

犹记得 2020 年初新型冠状病毒感染气势汹汹地袭来时，医院、部队、社区……广大党员干部挺身而出，即使知道前方面对的危险重重，他们却毫不畏缩，逆行出征。

"如果需要支援，我是党员，我请愿去。真心的……""我是党员，赴武汉驰援，请优先考虑我……"

百年之间，改变的是时间，不变的是初心。 即使路途漫长，中共党员也从未忘记来时的方向，不失本心，心系人民。

"如将不尽，与古为新"。 唯有适时探究，永不停步，才能让党和国家充满生机和活力。 十月革命的一声炮响，为我们送来了马克思列宁主义，而中国共产党善思善总结，将马克思列宁主义与中国实际相结合，不断创新，形成具有中国特色的马克思主义理论成果。 秋收起义失败后，毛泽东同志等人向湘赣边界井冈山地区进军，创建了第一个农村革命根据地——井冈山革命根据地。

到 1930 年时，全国先后建立起十几块农村革命根据地。 在此过程中，毛泽东同志从中国国情出发，对中国革命的新道路进行了思考和探索，提出了把党的工作重心由城市转移到农村，通过开展游击战争和土地革命，建立和发展红色政权，待条件成熟时再夺取全国政权的思想。 这条"农村包围城市、武装夺取政权"的新道路，是完全从中国实际出发的，是马克思主义中国化的重大成果。

实践证明，沿着这条正确道路前进，中国共产党最终带领人民取得了革命的胜利。 除此之外，十一届三中全会后实行的改革开放，以及之后创造性提出的社会主义市场经济体制等，无一不体现着中国共产党敢想敢做的创新精神。 而如今正处于新时代的中国，亦能准确把握时代脉搏，在不断创新中顺应世界潮流。

在深刻总结国内外发展教训的基础上，习近平总书记又创新地提出"创新、协调、绿色、开放、共享"的发展理念。 面对政治多极化、经济全球化、文化多样化和社会信息化潮流不可逆转的时局，习近平总书记原创性地提出"人类命运共同体"的理念，提倡各国人民同心协力、携手前行。

作为一名在校大学生，最令我印象深刻的创新是学校在脱贫攻坚道路上的创新。 记得刚开学第一次走进食堂，便看到有一个窗口前赫然写着"凉山州美姑县扶贫美食窗口"几个字，走近一问，才知道这个窗口的食材都是从美姑县——学校的定点扶贫对象处采购而来。

这样，我们不仅享用到了美食，也为扶贫事业献上了自己的一份力量。 之后，我又有幸参加了"爱衣旧"志愿活动，而这个活动是将我们的旧衣物等捐献给美姑县的孩子们。

除此之外，学校还通过为该县开设"一村一幼"辅导员培训班等形式从教育、产业、智力等方面对美姑县大力帮扶。 这种创新的高校扶贫模式，不仅促进了扶贫事业的发展，更让我们能够通过这些特殊的形式间接参与到扶贫事业中，既增强了我们的社会责任感，又促进我们学习脱贫攻坚精神。

"其身正，不令而行；其身不正，虽令不从"。 毛泽东同志在总结中国革命胜利的经验时，就把党的建设作为三大法宝之一提了出来。 纵观中国共产党的百年历史，在各个历史时期，我们党都高度重视加强自身建设。

反观苏联解体，其中一个很重要的原因就是苏共并没有重视加强自身建设，以致后期执政能力不断下降。

当今世界正经历百年未有之大变局，全球治理面临着复杂形势，英国脱欧，美国不断"退群"，难民问题严峻，而中国同世界的关系也正在发生历史性的变化。 中国共产党将加强自身建设摆在极其重要的地位，自我净化，自我完善，自我革新，自我提高，确保党始终成为中国特色社会主义事业的坚强领导核心。

党的十八大以来，反腐败斗争压倒性态势更是不断形成。 除此之外，我党充分利用信息技术，建立"互联网+监督"新平台，创新权力制约监督和全面从严治党的举措，让公民的知情权、参与权、表达权、监督权得到更加充分地实现。

一百年前，一艘革命红船在浙江嘉兴南湖上扬帆起航。一百年后，一只雄鸡挺着胸膛在世界的东方昂扬。读中国共产党历史，晓过去的万般艰苦，感英雄的无畏信念，悟成功的黄金经验，知当下的和平珍贵，期未来的璀璨辉煌。党史很薄，薄到只能有一本书的厚度。党史亦很厚，厚到装下了百年的光阴，承载了无数革命烈士的一生，凝聚了万千人民的梦想。

雨果曾说过："历史是什么：是过去传到将来的回声，是将来对过去的反映。"

过去的一切，成就了现在；现在的一切，将成就未来。悠悠百年史，康庄未来道。青年正得路，扶桑初日升。作为新时代的新青年，我们更应读党史，学党史，悟党史，牢守初心，传承红色基因，发扬红色精神。正如习近平总书记所言："蓝图已绘就，奋进正当时。"奋斗的接力棒已然传到我们手中，铭党史，跟党走，未来必定是万丈光芒！

小家记忆与大国发展

——读《国家相册：改革开放四十年的家国记忆》有感

文/朱明笙

《国家相册：改革开放四十年的家国记忆》选取了新华社中国照片档案馆中珍藏的与改革开放 40 周年相关的照片，配以生动的文字，将历史的厚重感蕴藏在每一个小小的故事中。通过个人故事看到国家故事，通过家庭相册看到国家相册，每一张照片都是时代大发展的一个切面，记录由落后到发展的峥嵘岁月，唤起老一辈读者的共同记忆，也让我们青年一代通过对历史的回望找寻向前的力量。

"农村的买卖"让我印象颇深。鸡蛋，在我们日常生活中是再平常不过的食品，在 20 世纪六七十年代的农村却是极为珍贵的。那时，人们手里没钱，主妇们望眼欲穿，每天盯着"鸡屁股银行"，盼望多产鸡蛋来交换其他生活物资。记得妈妈曾和我讲过，小时候家里穷，上学带饭都只能是装些没滋没味、米粒不多的粥，更别提吃上鸡蛋了。

有一年妈妈生日，姥姥说家里许久没下蛋的鸡终于下了蛋，要奖励给妈妈吃。她讲这件事的时候常是带着一丝骄傲和幸福，可见，当年那个来之不易的鸡蛋承载的幸运和给予人们的满足感是今天的我们无法感同身受的。仔细想来，或许那也不是什么"忽然得来的蛋"，而是妈妈的妈妈为孩子偷偷准备的，是积攒许久的爱吧。

当然，以鸡蛋交换其他货物只是那些年农村交易的缩影，"鸡蛋的故事们"是饱含着商品匮乏时期人们对于美好生活的最真切的渴望。除此以外，书里还写到过农村供销社的商品都是限量供应的，不禁让我想起家中还保存着的那一沓粮票。

爷爷说，无论买什么东西都是要凭票的，且种类十分有限，仅有钱买不来东西。虽然对我来说，粮票、布票就像是旧版的人民币或没见过的一厘钱，珍藏起来就好；但我想，对于老一辈来说，那是他们一步步迈向好生活的见证，是物质丰富以后，忆苦思甜的情感寄托。

改革开放后，贫瘠的买卖时代逐渐离我们远去，物资供应逐渐充沛起来，再不用按人头定量配给了，随着各种票证退出历史舞台，快速发展的经济让人们的生活水平有了质的飞跃。

书中有一张照片展示的是内蒙古自治区阿巴嘎旗洪格尔高乐镇的牧民在领取自己网购的商品。可见，互联网、物流的发展已经让农村的买卖越来越好做。近些年，在我妈妈的老家岫岩县，那些牧羊、务农为生的亲戚们也都通过电商平台获得了更广阔的销售渠道，赚的钱多了，生活幸福感也在不断上升。

不过，尽管纷繁的市场里供给充沛、选择很多，我们可以尽情分享社会进步、生产力不断发展的成果，但是，看过这些老照片和它们背后的故事，我想，今后无论物质生活有多么丰富，也不应少了那份珍惜的感动。

"钱"世与今生那一章写得很有趣，说："花钱是件平常事，但钱包里装着老百姓的日子，更装着日新月异的中国。"从通货膨胀影响下面额巨大的第一版人民币，到物价稳定后旧币换新币，用旧版的一万才换第二版的一元人民币；从出门带钱怕丢要藏在内衣里的旧时光，到存折一刷，信用卡买单，扫码刷脸畅行无阻，一年也花不出去多少纸质钞票的新时代，一波又一波支付方式的"变奏曲"，让生活便捷度快速提升。

的确，让我讲人民币的发展史可有些困难，但若要讲人们的花钱史就容易得多，旧东西消逝，新事物涌现，经济与科技的发展体现到人们的支付方式上，不光青年人出门消费时更加方便安全；中老年的支付观念也在被潜移默化地影响，使他们越来越"年轻态"。我想，也许这就是社会充满活力，科技创新引领未来的重要展现吧！

　　中国变化迅速，每十年就是一番新光景。以上故事只是改革开放中的小序曲，亦是中国共产党百年来领导国家发展进步的辉煌片段。此外，书中还有讲述高考四十年、中国股市发展、改革开放前后人们的审美变化等的章节，值得我们回味和思考。

　　书中每一章话题的切入都与改革开放相关，可见，十一届三中全会是一次开创未来的会议，对内实行改革，在坚持社会主义基本制度的前提下，调整和改革生产关系同生产力、上层建筑同经济基础之间不相适应的方面和环节，促进生产力的发展和各项事业的全面进步，更好地实现广大人民群众的根本利益；对外实行开放，符合当时时代的特征和世界发展的大势，更是加快我国现代化建设的必然选择。中国的强国之路和社会主义发展因改革获得了更强大的动力，人们生活的方方面面才能发生翻天覆地的变化。

　　相信在党的领导下，下一个百年，中国定会在政治、军事、外交、文化、科技和经济的方方面面获得更为卓越的成绩，那时我们会有一本更厚的，满是幸福生活光影的相册！

科学思维学党史，砥砺初心担使命

——读《中国共产党党史》有感

文/齐禾杨

中国共产党的百年历史是中国近现代历史中最为波澜壮阔、可歌可泣的篇章。 一代又一代中国共产党人立志于中华民族千秋伟业，坚定理想信念，不畏艰难困苦，领导中国人民取得了一个又一个历史性成就。 翻开这部厚重的百年党史，处处蕴含着治国理政的经验智慧、资政育人的宝贵财富、催人奋进的强大力量。

百年党史是坚守信念、牢记使命的历史。 心有所信，方能致远。 每一个令人泪下的感人故事，每一段充满艰辛的奋斗历程，都在告诉我们：共产党人的根，是对党和人民的忠诚；共产党人的本，是对马克思主义的信仰，是对实现共产主义的理想信念。

百年党史是理论创新、指导实践的历史。 党的百年历史表明：没有科学的理论就没有正确的行动，理论偏离科学正确的轨道，党的事业必然遭受挫折。

百年党史是心系群众、造福群众的历史。 党史的辉煌足迹、字里行间，深刻回答了"我是谁、为了谁、依靠谁"。 焦裕禄"心里装着全体人民，唯独没有他自己"的爱民情怀；雷锋"全心全意为人民服务"的默默付出；龚全珍"扎根贫苦山区、献身教育事业"的无私奉献……这些英模人物的先进事迹强烈地鼓舞和激励着我。

因此，在日常工作中，我们始终要保持全心全意为人民服务的思想和耐心细致的工作态度，乐于奉献，扎实做好每一项工作。

百年党史是临危不乱、攻坚克难的历史。自我记事以来，1998年的抗洪，2003年的非典，2008年的汶川地震和南方暴雪，2020年的新冠病毒感染，每一次自然灾害，无一不是中国共产党运筹帷幄，团结带领全国人民万众一心、众志成城，走出危局、夺取胜利。

从百年党史中汲取真理的力量。习近平总书记强调，"我们党的历史，就是一部不断推进马克思主义中国化的历史，就是一部不断推进理论创新、进行理论创造的历史"。

作为担当民族复兴大任的时代青年，必须认真学习马克思主义基本原理，学习马克思胸怀崇高理想、为人类解放不懈奋斗的精神；学会运用马克思主义理论去研究和总结经验，感悟马克思主义的真理力量和实践力量，把真理的光芒转化为推动党和国家事业发展的强大力量。

从百年党史中汲取群众的力量。回顾中国共产党百年历史，之所以我们党能在攻坚克难中不断从胜利走向胜利，是因为我们党以人民为中心，扎根人民、团结人民、动员人民、依靠人民。

作为担当民族复兴大任的时代青年，在以后的社会工作中要深深扎根人民，紧紧依靠人民，真诚服务人民，永葆对人民的赤子之心，时刻站稳人民立场，多同群众交朋友，多向群众请教，虚心做群众的学生，汇聚民智民力，赢得民心民意，从人民群众中获得无穷无尽的智慧和力量。

从百年党史中汲取团结的力量。党的十八大以来，在以习近平同志为核心的党中央的坚强领导下，全国人民众志成城，举国上下团结一致，党心民心同频共振，绘就了"团结就是力量"的新时代画卷，党和国家事业取得了伟大的历史性成就。作为担当民族复兴大任的时代青年，要积极响应党的号召，紧密团结在以习近平同志为核心的党中央周围，在伟大梦想指引下，大力发扬团结精神，提升讲团结的智慧，增强会团结的本领，练就真团结的境界，为实现中华民族伟大复兴汇聚强大合力。

从百年党史中汲取人格的力量。习近平总书记强调，"我们党作为马克思主义执政党，不但要有强大的真理力量，而且要有强大的人格力量"。

中国共产党的人格力量，是中国共产党在马克思主义指导下，团结带领人民在革命、建设、改革的伟大斗争中形成和练就的，具有先进性和纯洁性、时代性和继承性、实践性和不可替代性，集中体现在理想之远大、信仰之坚定、谋国之忠诚、为民之赤诚、胸襟之博大、干事之笃实、律己之严格、担当之勇敢。百年大党，依靠坚定的信仰、顽强的意志、优良的作风、崇高的风范凝结而成的人格力量，是党团结带领人民战胜一个个艰难险阻，取得举世瞩目成就的重要前提，也必将是我党应对各种风险和挑战，始终立于不败之地、取得社会主义现代化建设全面胜利的有力保障。

作为担当民族复兴大任的时代青年，站在"两个一百年"奋斗目标历史交汇点上，要传承好党的红色基因，发扬好党的伟大力量，树立远大理想，坚定理想信念，永葆赤诚之心，走好新时代长征路，投身于社会主义现代化建设的强国伟业之中，在新时代创造新的历史辉煌。

历史是最好的教科书。作为一名大学生，我将始终保持蓬勃朝气、昂扬斗志，将个人理想与国家的进步和时代的发展紧密结合，将个人的激情和热血注入时代发展的洪流之中，在建设社会主义现代化强国的伟大实践中贡献自己的青春和力量。

第四篇　红色传承

去时少年身，归来英雄魂

——读《谁是最可爱的人》有感

文/邓宛蓉

下次路过时，人间已无我，但我的国家，依然五岳向上，一切河流滚滚向东，民族意志永远向前，向着热腾腾的太阳。

——余光中

一、论作品——身既死兮神以灵

1951 年 4 月 11 日，《人民日报》刊登了魏巍的通讯《谁是最可爱的人》，对 1950—1951 年抗美援朝战争最艰苦阶段中志愿军战士英勇反击美国侵略军的英雄事迹进行了详细的报道，一经发表便轰动全国。亲自踏过被炮弹深翻过的阵地，亲手握过鲜血浸透的泥土，亲眼看到战士们在战场上奋勇杀敌、舍生忘死，在前沿阵地整整采访了 3 个月，才有了这一篇能够勾勒出朝鲜战争实貌的战争文学。

我相信任何一个看过这篇文章的中国人民都会被魏巍心中涌动着的、笔下所倾泻而出的激情所震撼。他急切地想让祖国人民了解志愿军是怎样的英勇顽强，与此同时并没有忘记采用最恰当的艺术形式去报道这些"最可爱的人"。

这篇通讯同时具有新闻性和鲜明的文学性，故事性强，情感丰富，综合运用了小说的人物描写手法，散文的直抒胸臆、诗性的语言表达，正因为其突出的文学性特征，使其在通讯的新闻性随时间淡化之后，被归类为文学体裁中的散文，成为一篇流传后世的当代文学经典，更是成了一个永垂不朽的历史坐标。

从战争文学叙事的角度看，《谁是最可爱的人》真正的特点在于对战争酷烈场面的接近自然主义的真实性描写。在很多时候，我们的战争文学叙事常常回避对死亡和牺牲场面过于细致的呈现，显示出一种避实就虚的浪漫主义特点。然而，作为一名新闻记者，魏巍笔下的战争描写却显示出了记者的在场感以及对真实性的本能忠诚。

敌人为了逃命，用了三十二架飞机，十多辆坦克和集团冲锋向这个连的阵地汹涌卷来，整个山顶都被打翻了，汽油弹的火焰把这个阵地烧红了。但勇士们在这烟与火的山岗上，高喊着口号，一次又一次把敌人打死在阵地前面。敌人的死尸像谷个子似的在山前堆满了，血也把这山岗流红了。可是敌人还是要拼死争夺，好使自己的主力不致覆灭。这激战整整持续了八个小时，最后，勇士们的子弹打光了。蜂拥上来的敌人占领了山头，把他们压到山脚。飞机掷下的汽油弹把他们的身上烧着了火。这时候，勇士们是仍然不会后退的呀，他们把枪一摔，身上帽子上呼呼地冒着火苗，向敌人扑去，也把敌人抱住，让身上的火，把要占领阵地的敌人烧死。……据这个营的营长告诉我，战后，这个连的阵地上，枪支完全摔碎了，机枪零件扔得满山都是。烈士们的尸体，保留着各种各样的姿势，有抱住敌人腰的，有抱住敌人头的，有掐住敌人脖子把敌人摁倒在地上的，和敌人倒在一起，烧在一起。还有一个战士，他手里还紧握着一个手榴弹,弹体上沾满脑浆;和他死在一起的美国鬼子,脑浆迸裂,涂了一地。另有一个战士,嘴里还衔着敌人的半块耳朵。在掩埋烈士们遗体的时候,由于他们两手扣着,把敌人抱得那样紧,分都分不开,以致把有些人的手指都掰断了。……这个连虽然伤亡很大,但他们却打死了三百多敌人,更重要的,他们使我们部队的主力赶上,聚歼了敌人。

许多年之后,那些议论和抒情的话语,也许会因为时过境迁而被人们淡忘,但是,这些梦魇一样的场景,却刻进每一个看过的人脑中,无论如何也难以忘却,仿佛扎入记忆深处的长长的芒刺。 连续的短句、快节奏叙事与战争的紧张、肉搏的激烈、叙事者心情的波澜起伏相契合,充满着通讯作品口头叙事的特点。 如果换成讲究的书面语或文学性的长句进行转述,新闻的现场感、语言的感染力将会被大大削弱。

《谁是最可爱的人》中共出现了 18 个感叹号,使用频率之高,足以自然流露出作者写作时内心的热烈情感,他想要热烈赞美、大声呼吁:我们的志愿军战士是多么伟大、可爱! 珍惜吧,我们今天的幸福生活来之不易!

强烈的抒情性无疑也是魏巍的"新闻特写"的一个特点,也是他的作品获得好评的一个原因。 他的抒情不仅在内容上显示出极强的时代性——对英雄的赞美、对领袖的崇拜、对敌人的仇恨、对未来的乐观、对幸福的感恩,还在形式上呈现一种崭新的特点——这是一种被强化的抒情方式,属于直接的、不加掩抑的宣抒。

在《谁是最可爱的人》文章结尾,魏巍留下了这样一段朴素却震撼的话:

朋友们,用不着多举例,你已经可以了解到我们的战士是怎样一种人。这种人是什么一种品质,他们的灵魂是多么的美丽和宽广。他们是历史上、世界上第一流的战士,第一流的人! 他们是世界上一切伟大人民的优秀之花！是我们值得骄傲的祖国之花！我们以我们的祖国有这样的英雄而骄傲，我们以生在这个英雄的国度而自豪！

　　亲爱的朋友们，当你坐上早晨第一列电车走向工厂的时候，当你扛上犁耙走向田野的时候，当你喝完一杯豆浆，提着书包走向学校的时候，当你坐到办公桌前开始这一天工作的时候，当你向孩子嘴里塞着苹果的时候，当你和爱人悠闲散步的时候……朋友，你是否意识到你在幸福之中呢？你也许很惊讶地看我："这是很平常的呀！"可是，从朝鲜归来的人，会知道你正生活在幸福中。请你们意识到这是一种幸福吧，因为只有你意识到这一点，你才能更深刻了解我们的战士在朝鲜奋不顾身的原因。朋友！你已经知道了爱我们的祖国，爱我们的伟大领袖毛主席，你一定会深深地爱我们的战士，——他们确实是我们最可爱的人！

这种对生活在和平环境中而习焉不察的幸福感的提醒，对人们享有的幸福与普通战士的苦痛和献世之间内在联系的揭示，实际上是向人们提出了个人幸福与社会公益相关联的集体主义人生观与幸福观，是对那种隐隐约约地把人民解放军当作一个职业而看得平凡、简单，多少有点忽视他们、鄙视他们的自私偏见的纠正。

《谁是最可爱的人》强烈的艺术效果，正是通过它内在的政论锋芒，引起对世俗偏见的震动而表现出的、感性与理论不分你我的强烈力量中实现的。

曾有人引魏巍这一段话用作"幸福的相对性"的注脚，并以此描述自己远离艰苦危厄的处境所油然而生庆幸感的庸俗心态。其实，魏巍的文章提醒普通人要在与战士的对比中意识到自己的幸福，这是请人们不妨跳出自己狭小的精神世界，在自己的日常生活中也想一想遥远的地方的一些人的战斗、劳动和奉献，也关怀一下为祖国而战的、驻扎在祖国每一个角落的可爱的战士们——今日我们可以将全部目光只聚焦于自己幸福的人生上，正是昔日的英雄生命的续集。

罗曼·罗兰说过，文学有"将人提高"的使命。这样的提醒是作家对社会主义的伦理价值的一次提升，是为了将人提高一点，稍稍离开一点只顾独自觅食的可怜境界。

我想，这样的提醒，无论是对身处朝鲜战争年代的中国，还是对身处改革发展浪潮之中、面临更加诡谲多变的国际形势的现在和将来的中国，都是有意义的。无数事实告诉我们，新中国成立70多年来，当祖国和人民遇到险情时，永远都会有中国军人奋不顾身冲锋陷阵的身影，他们用生命和鲜血保护着我们。

而一代代的读者自发进行的持续的经典阅读，让具有历史坐标意义的《谁是最可爱的人》所体现的精神在无数人手中传递，这亦是一种向"最可爱的人"致敬的方式。

二、论作者——书写英雄的人亦是一方英雄

2008年8月9日，罹患癌症而昏睡的魏巍在病床上醒来，他艰难地睁开眼，看到了站在床边的小孙子。他似乎觉得头有些昏沉，于是对孙子说："抱着我的头摇一摇。"——他想让自己清醒一下，就在那个时候，他想要清醒地给孙子留下一句话："我交代你的只有一句话：继续革命，永不投降！记住没有？"孙子说记住了，魏巍让孙子连续说了3遍"继续革命，永不投降！"孙子说到第二遍时，魏巍已泪流满面。

这位因《谁是最可爱的人》成名的人，临终仍然觉得自己没有离开过战场。

中国人民需要像《谁是最可爱的人》里面为国家抛头颅洒热血的人民

解放军，中国人民也需要魏巍这样的民族英雄。

1957 年，莫斯科国家艺术文学出版社出版了《谁是最可爱的人》的俄译本。 马尔科娃在序言中写道："魏巍的这些特写作品现在已经引起了读者的广泛关注。 在这些作品中，他真诚地赞美、歌颂朝鲜前线的中国人民志愿军。 他的每一篇特写，都浸透着难以遏制地相信普通人、相信人民的光明未来的信念。 这些特写作品，现在仍未失去其魅力。"

魏巍的全部创作，都贯穿着他坚定的社会主义和共产主义理想和信念，贯穿着他明朗严整的无产阶级世界观、人生观。 魏巍不同的艺术形式都是在为这个根本点服务，他以始终如一的坚定和热情向世界阐扬着、论证着、传播着社会主义真理的声音。

在魏巍笔端，诗的语言也好，小说的形象和画面也好，散文的境界和辞采也好，都是以思想的明澈、丰富和稳定为着力点，以生活性的丰饶茂盛为凭依的。

之所以魏巍在中国战争文学上具有无法跨越的地位，并且能够在今天依然闪烁着光芒，是因为他把作家的文学性和战士本色完美融合，具有无产阶级政治家的本色，把这些作为他的作品的思想根基和感情底色，也激励着后来者。

不可否认的是，他是新的社会主义文学中富有创造性的思想火炬的点火人之一，他点燃的是无产阶级关于人的价值观的火炬，是社会主义的爱国主义的火炬，是为人民献身，在战斗中成长的青春的火炬。

什么样的人最可爱？ 什么样的感情最神圣？ 什么样的青春最美丽？

这些问题正是刚刚从旧中国脱胎而出的新中国社会上亟待回答的、最普遍、最集中的思想问题，而魏巍的作品，正是精准击中这些时代思潮聚集点的火花。

于是一团火焰便悄然在千百万人民心中燃烧，为无数在新时代迷茫怅惘的青年指明了新的价值观、人生观、道德观。 那一个如同斗士般的男人用一支笔带来的火炬之光，穿越了近70多年的历史烟尘，至今仍明亮灼热。 也许在有些人看来，它在当前的思想现实背景下仿佛是已经远去的彼岸灯火，但它在当代社会思潮史和当代文学史的独特地位却是极高的。

中国不缺冲锋在前的战士，也不缺那些在思想沉寂的黑夜之中惊醒，带着热忱的心探索和记录，带着光芒照亮茫茫人间路的作家、记者、摄影家。 以凡人之躯，比肩神明，以凡人之力，书写传奇，魏巍用笔尖告诉世人：因为你爱人人，所以人人都更爱你。

三、论现实——守得云开见月明

对于抗美援朝英雄叙事的回顾，在当今这个被"没有硝烟的战争"阴云笼罩的时代，仍然提醒着每一位中国人民铭记历史，反思历史。

我们不能止步不前，我们还要继续探索，我们要用发展的眼光了解历史、审视战争、认识英雄，得到正确的对待历史和对待未来的人生观、价值观和世界观，将这群最可爱的英雄的精神播撒在中国大地之上。

那是一个星期二的下午，我放下这本书走进食堂，思考着今天是吃鱼肉还是牛肉，食堂门口的后勤阿姨灿烂地笑着对我问好。 导师让我们饭后去开小组会议，今天的课题是讨论数字贸易政策对中国未来国际贸易的影响，能够学到一点国际前沿的知识，或许在将来能够为中国的经济腾飞献出一份绵薄之力的憧憬让我走在路上的脚步都轻快了起来。 路过济民广场的喷泉时，一对年轻的夫妻带着孩子从我身旁走过，说笑声打断了我的思绪。 就是在那个瞬间，我听到了——听到了来自七十多年前一名我不曾知道姓名的战士的声音，他说："我在这里吃雪，就是为了祖国人民不吃雪，他们可以坐在豁亮的屋子里，泡上一壶茶，想吃什么就做点什么。 我现在蹲在防空洞中，以后祖国人民就可以走在马路上，想走路就走路，想骑车就骑车,那才是幸福的生活。"

于是我知道了,我没有身处在枪林弹雨之中,没有见过炮火连天的场景,我脚下的土地是让我每夜能安心入眠的保障。 当五星红旗在蓝天飘扬,我就知道我的背后有一个强大的国家正保护着我。

每一缕空气,每一粒米饭,每一口干净的水,都是曾经的他们厮杀得头破血流想要我们拥有的。 于是我知道了,黑夜固然漫长,黎明也终会到来。 而黎明破晓时,将不再有穿着破烂军衣的战士,不再有一双双深陷绝望眼眶的眼睛。 那些被战火洗礼过的灵魂,将同人民的命运永远交织在一起。 于是我知道了,身负使命,为国为民,吾辈位卑亦未敢忘忧国。

郁达夫曾说:"一个没有英雄的民族是可悲的民族,而一个拥有英雄而不知道爱戴他、拥护他的民族则更为可悲。"

像《谁是最可爱的人》这样镌刻在中华民族的革命历史基因里、独一无二的悲壮英雄叙事就是让生于和平、长于和平的我们这一代人可以重温过往,记住曾经的光荣、美好,并且借此可以坚定地同新生中的中国走过蔚然岁月。

你看到了吗? 黑沉的地平线上,渐渐透出那一派红光,闪烁在碧绿的鸭绿江上,湛蓝的天空,万里无云,绚丽的朝霞,放射出万道光芒,也终将,照亮整个中国。

心中有国而博览群书，学思并重而学以致用

——读《像毛泽东那样读书》有感

文/陈泯伊

毛主席一生酷爱读书，他曾说："饭可以一日不吃，觉可以一日不睡，书不可以一日不读。"

毛主席一生根据实际情况、国家需要不断地调整自己的读书计划，将读书与实际紧密结合，始终贯彻着学思并重的读书方法，做到了博览群书、学以致用。

种阅读启蒙之因，成强国富民之果。

青年时期，他看到了劳动人民生活的困苦，阅读著作开阔眼界，为消灭剥削、追求真理而读书。 延安时期，他阅读大量哲学著作，用理论指导实践，为新中国的革命事业的胜利而读书。 新中国成立后，他阅读马列经济学方面著作，为新中国经济制度的建立而读书。 第一个五年计划时期，他通宵达旦地阅读自然科学著作，为指导新中国科技发展而读书。 他精读史书，学习中华优秀传统文化，为社会主义建设服务。

毛主席每个时期的读书，都是与中国的现状紧密联系的，都是和中国人民的需要紧密联系的。 反观当代青少年，在新媒体时代的冲击下，读的书越来越少。 除了课本之外，越来越多的青少年只读"网红书单"，不思

考自己应该读什么书，又为什么而读。 读书功利化的情况屡见不鲜，为了完成任务而阅读，早已让阅读失去了自己原本的意义。

且不说家国命运，如今的我们甚至难以将读书与个人前途联系起来。但其实阅读带给我们的不是肉眼可见的升职加薪，也并非突如其来的思想飞跃。 我们可以在一本书里发现与感知角色，接受作者传达的思想及价值观，与更多的观念去交流碰撞，了解他人的想法并完善自身，去学习他人的观点和态度。

久而久之，读书带来的并不是书籍本身中所蕴含的道理和知识，更是对我们思维方式的塑造。 它促使我们独立思考，学会批判质疑，学会享受独处，学会理性和客观地看待问题，学会发现并倾听自己内心的声音。

阅读能提高一个人的思想境界，阅读能提高一个民族的认知水平。 崔卫平女士曾言："你所站立的那个地方，正是你的中国。 你怎么样，中国便怎么样。"

我们青少年或许不能像毛主席一样直接地影响国家的发展方向，但我们每个人都应该有着自身发展与祖国发展紧密联系的意识。 毛主席在不同时代背景下，为了不同的目标阅读。 那么当今时代的我们，就应该为了实现中华民族伟大复兴的中国梦而阅读。 我们要筑牢理想信念之基，肩负起时代责任与个人责任，为中国梦而阅读，为造福中华人民而阅读。 我们读书不仅是为了修身自省，也是为了延续和提升那份科学精神和人文情怀，成为更好的自己，也创造更美好的中国。

以博览群书之心，行兼收并蓄之事。

一、读有字无字之书

毛主席在不同时期阅读不同的著作，但他始终是结合中国实际，结合时代需要而阅读。他倡导阅读"有字之书"，也主张读"无字之书"。毛主席一生中，从年少求学到建设新中国，他始终紧跟实际需要，保持自己阅读的习惯。

他认为只要是有利于中华民族发展的，无论是哪国哪个民族的思想文化，我们都要学。所谓"无字之书"，便是在实践中学习与阅读。毛主席一生深知实践调研的重要性，他走遍大江南北，深入社会实际，亲自体会世间万物。他主张并赞同从"无字之书"中学习并感悟，从而填充"有字之书"的空白。

关于"有字之书"，我们应该读史，读古代史体会中华民族文化基因，总结可用的历史规律；读近代史体会先辈的艰苦卓绝，培养自己的大局意识。我们应该读专业知识，在自己的岗位上发光发热，我们要运用知识，将所学所知用于中国的发展、社会的进步。我们应该读诗，让文字灌溉贫瘠的灵魂，体会文字之间的百转千回，树立文化自信……

我们要结合中华民族伟大复兴的中国梦去阅读，我们也要学习毛主席博览群书，我们在脚踏实地的同时，也要仰望星空。遍观群书，识得乾坤之大，系怀家国，犹怜草木之青。

而"无字之书"方面，我们要把我们所学习的知识再投入实践，从实践中感受理论与实际的差别，再进行总结和完善，从而在"无字之书"中学习，使我们的知识进步升华。我们要"读万卷书，行万里路"，在实践中出真知。我们要勇于探索，善于发现，寻找属于自己的"无字之书"，并尝试用它来填补我们"有字之书"中的空白。唯其如此，国家才能进步，人类才能进步。

二、读自然科学、社会科学之书

毛主席一生中读书的范围极广，对自然科学和社会科学皆有涉猎。

他虽然不是一名自然科学、技术科学的专家，但却热爱阅读农业、物理、化学等相关书籍。 他认为，这是在为新中国建设和生产力发展做准备。 他亲自主持全国农业发展纲要等规划的制定，这要求他有着丰富扎实的自然科学知识。 直到毛主席逝世之前，他的视力已经很差了，还仍然在阅读一些印成大字的自然科学书刊。 如达尔文的《物种起源》，以及《自然辩证法》等。

而在社会科学方面，毛主席爱读史书，也爱读辛弃疾的诗篇。 他精读二十四史，追求古为今用；也阅读稼轩先生的诗篇，因为他可以与稼轩先生产生共鸣。

今时今日，我们应该摆正自己读书的动机，减少功利性的目的驱动，全面地拓宽自己各方面的知识，做到自然科学与社会科学并重，共同学习，学以致用。

以学思并重之法，持批判存疑之心。

三、择书有法，攻读好书

毛主席在读书时，有选择、有重点地阅读。 他选择的书籍主要分为三类：自己的兴趣与爱好需要、做好实际工作需要、调节放松大脑需要。 而在所选择的书籍中，他又会阅读其中一些主要的。 他主张先读已选择的书，再读其中重点的书，重点的书要反复研读，有的是要读一辈子的。

我们现在读书时，盲目跟风阅读网红书单上的书，阅读各类畅销书，没有自己的选择，也难以从中找出重点。 其实毛主席的择书方法，放到今日仍然适用。

我们也要有选择地阅读，在浮躁纷杂的阅读环境中，我们要广读博览，找到我们真正需要的书籍去阅读。 阅读后，再从中发现值得重点阅读、反复研读的书籍。 反复研读，是要把书读透，在不同年龄、不同心境下阅读。 做到先博后渊，是毛泽东的读书观。

四、转变视角，不断研读

毛主席不局限于"大热"视角，而是另辟蹊径，从一些独到的视角去阅读、解读一本书。 不论是从阶级斗争的视角解读《红楼梦》，还是从政治视角阅读《西游记》，都是大部分读者很难发现的视角。 而也正是多视角阅读，让他增添了不少读书的兴趣，促使他将一本书阅读多遍，从不同的角度去理解。

这对于目前我们阅读浅尝辄止、囫囵吞枣、不求甚解的风气有很大的启示。 我们在阅读时，不应该把书籍翻阅完就认为自己读完了，而要思考我们读到了什么，目前读到的是否就只是这本书所想要传达的全部。 如果不是，我们就应该继续阅读，反复阅读，反复思考。 在人生的不同的阶段阅读同一本书，带来的感悟是不同的，从不同的视角去思考，得到的理解也是不同的。 要做到"读"与"思"相结合，多方位多角度地去理解一本书。

五、勾画批注，交流思维

毛主席在阅读时喜欢勾勾画画，在书上做满批注。 他认为这是在和作者进行交流，能产生思维的碰撞。 他对于精彩的句段会进行摘抄，对于不认同的观点会在书上直接进行批注，对于和中国实际相关的部分会洋洋洒洒写上千字的感悟和认识。 在他做完眼科手术不久，他就在新印的《鲁迅全集》《二十四史》上开始标注，划了很多记号，还在书的封面上写上了自己再阅的日期。

批注的过程就是思考的过程，是我们的思维与作者思维产生碰撞的过程。我们在阅读时，要边读边思考，有想法了就记下来。反复读一本书时，或许每次的看法不一样，要做好批注，重复阅读时的认知可以与之前阅读时产生的观点进行交流。这种交流的过程也是我们进步的过程，而批注就是把这种过程记录下来。这样可以更加直观地看到自己思考方式的变化过程，能给我们的阅读带来很大的成就感。

六、尊重事实，独立思考

毛主席在阅读过程中，始终坚持用马克思主义原理去分析事件，坚持唯物主义的思想，一切从实际出发。对于不赞同的观点，不赞成就是不赞成，有什么观点就发表什么观点。他坚持，读书就要始终尊重事实，独立思考。

独立思考是现代社会里一个很难得的品质，在网络舆论的引导下，大多数人人云亦云。人们对于网络媒体的报道，又或者是几个网友的意见都深信不疑，更别提看似权威的书籍。在阅读过程中保持独立思考，是我们每个人应该具备的能力。"尽信书，不如无书"。阅读不只是学习别人的思想，更是结合别人的思想分析问题。书籍亦不是权威，我们要怀着质疑精神、批判意识去阅读，我们要尊重事实，结合实际，构建属于自己的思维框架。

歌不尽的红岩魂

——读《红岩》有感

文/沈顾越

初入眼，大片殷红映衬在白描勾勒的磐石上，有一棵青松傲然挺立，枝叶繁茂延展，苍翠浓郁，似一只搭载着革命种子的希望之舟，于无垠火海中乘风破浪直至今朝。正所谓和平的年代听不到枪声，光明的世界看不到黑暗。而在老一辈的记忆里，在尘封的白纸黑字间，仍然蕴藏着中国革命的故事。

有这样一本书，它讲述了重庆解放前夕中共地下党员们与国民党反动派激烈斗争的故事，它像一台留声机，存留了战争与和平；又像一扇窗户，连接了过去和未来。这本书便是——《红岩》。正所谓"红岩洞内出英雄，披肝沥胆向党忠"。

这本书中的英雄是一群没有文字记载可能就会湮没在历史长河中的平凡而又伟大的人们。

犹记读完那天，我抬起头凝望窗外，许久回不过神来。眼前的满树苍翠仿佛都褪去了色彩，只留得书中的一幕幕在脑海中重演——历史的枪声停下了，烈士的怒吼仍萦绕耳畔，悲壮而又慷慨，似乎下一秒无边的黑暗就会被撕裂。再次回看"红岩"二字，已不再是一个词两个字那么简单，这是由前人滚烫的鲜血凝结而成的时代的象征，更是革命精神淋漓尽致的体现。

初看这本书，我只感慨监狱里度日如年的漫长——虽知解放军南下速度已经够快了，但仍然心急如焚，为渣滓洞中被迫害的战友感到万分可惜。

书中令我印象最为深刻的莫过于江姐的一句话："我希望，把我派到老彭工作过的地方……前仆后继，我们应该这样。"从重庆调配到川东，从幻想与丈夫老彭并肩作战到目睹老彭遇害、尸体被悬挂城头示众，巨大的落差发生在任何人身上都是巨大的打击，更何况是一个刚从封建时代走出来的女性。 短短两行文字简洁却又掷地有声，我仿佛看到了那噙满了泪水却依旧坚定的双眸，听到了那温柔而又蕴藏着力量的声音。

丧夫之痛没有压垮江姐，只能使她变得更为强大——即便被捕，受尽老虎凳、辣椒水、吊索、带刺的钢鞭在内的多种酷刑，仍然缄口不言，只道"竹签子是竹做的，共产党员的意志是钢铁做的"。 看着眼前穷凶极恶的敌人抓耳挠腮想着各种逼供的办法，她只是轻蔑一笑。

江姐柔弱的外表下是钢铁般的意志与不屈的灵魂，我在阅读中数次为她巾帼不让须眉的故事动容，时常反问自身：如果置身此情此景，我会这样做吗？

"那时候你要画一张……画一张祖国的黎明"。 这是成岗送别"小萝卜头"时所说的。 初读时我不禁心头一酸——那么简单而美好的事情对于这个九岁的孩子而言竟然成为一种奢望。"小萝卜头"被杀害的那个黑夜，距中华人民共和国成立还有 24 天。 这个 8 个月大就被抓进监狱的孩子从未接触过外面的世界，日复一日地生活在一个阳光都难照进来的狭小空间里。 他缺乏对世界的完整认知，甚至不知道山城多雾的常识，这无疑是反动势力的罪孽和战争的残忍所致。

然而这一切并没有改变"小萝卜头"乐观积极的生活态度，他懂事好学，拥有着不亚于其他仁人志士的革命热情——他很好地传承了革命前辈们"知其不可而为之"的大无畏精神，自愿担任情报员，在敌人的刀尖下传递消息，小小的身躯散发出巨大的能量。

作为中国年龄最小的烈士，"小萝卜头"代表着祖国的未来，他的梦想是年轻一代对于和平、自由、民主无限向往的缩影，他大无畏的革命精神更是中国共产党生生不息、薪火相传的动力。

书中有着这般钢铁意志和大无畏精神的人还有许多：许云峰只身赴会，面对特务威逼利诱不畏惧、不动摇，粉碎了特务挑拨民众的阴谋；成岗在被特务注入药剂后，凭借钢铁般的意志守口如瓶，守住了党的机密；刘思扬家境殷实，却放弃安逸的生活，毅然决然投身革命；还有共产党员华子良装疯卖傻，潜伏在白公馆中十四载，为党与白公馆的联络起到了巨大的作用。

死亡，于一个个革命家而言，是最无用的威胁。坚定的理想，永不磨灭的信念，是纵使他们身处无尽黑夜，也要为万千百姓、为祖国灿烂的明天咬紧牙关奋力一搏，撕裂黑夜，推动革命走向胜利的根本源泉。

书中每一个人在浩瀚的历史长河中都显得那般平凡而渺小，而正是这些看似微不足道的存在义无反顾地将每一滴鲜血都交付给了正义与真理，交付给了国家的兴旺、民族的富强，交付给了历史发展的必然趋势——共产主义。

当这星星点点逐渐汇聚，当他们虽九死而不悔地为人民解放大业奋斗时，平凡而渺小的生命便开始发光发热，汇聚成足够击垮一切困难的力量。有人会疑惑，究竟是什么赋予了这些人飞蛾扑火般的勇气，又是什么将星星之火汇聚起来形成燎原之势？我认为那力量来源于信仰，是对马克思主义科学理论的坚定信念，是对自由、民主新中国的向往，更是对中国共产党的信任。

虽然他们有着不同的年龄、家庭、文化以及阶级背景，但是他们对共产主义的伟大理想和对中国共产党的坚定信仰打破了这些千年来根深蒂固的隔阂，将他们的力量凝聚了起来，燃遍了中国大地。

这种前赴后继、无畏艰险的奉献精神深深地刻在了中国人的骨子里，时至今日仍能见其光芒。2020 年年初，一场突如其来的新冠病毒感染打破了冬日的幸福和宁静，也吹散了春节阖家欢乐的氛围。

然而，即便病毒肆虐，医护人员依旧挺身而出，离开了其乐融融的年夜饭桌，毅然决然来到了抗疫一线，冒着生命危险为全国人民守住健康的家园；纵使寒风凛冽、冬雨刺骨，志愿者们依旧坚守在各个卡点，测体温，做记录，毫不疲倦地宣传防护知识，用火一般的热情搭建起抗击病毒的人工长城。

前有地下党员为了人民的解放坚持不懈、视死如归，后有医护人员和志愿者们为了人民的健康不畏艰险、舍生忘死。回想这次经历，难道不正是我们对革命先辈红岩精神的传承吗？

老兵不死，薪火相传。阅读《红岩》后，我发现自己一直以来都只是享受着国家发展带来的红利与机遇，而从未如此深刻地反思这背后的艰辛与不易。特别是这一学期以交换生身份在韩国交流，在韩国恓恓惶惶地生活了几个月后，我更深刻体会到祖国的繁荣与强大，而这一切离不开革命先烈的抛头颅洒热血，也离不开当下无数医护人员和志愿者们的无私奉献。"纵路有荆棘，吾等不辞万里。"这是白色恐怖下中共地下党员的真实写照，是当今千千万万中国共产党员的初心和使命，更是我们当代青年应当学习的方向。

胸怀千秋伟业，恰是百年风华。2021 年是中国共产党成立一百周年。一百年来，中国共产党引领着人民从战火纷飞的满目疮痍到车水马龙的河清海晏，从山河动荡的断壁残垣到全面建成小康社会，从闭关锁国的"东亚病夫"到举足轻重的世界强国，每一步都历历在目。百年正是风华正茂之时，百年更是一个全新的起点。

实现中华民族伟大复兴的中国梦不只是一代人的使命，是一代又一代人的接力跑。正如习近平总书记所讲："青年一代有理想，有本领，有担当，国家就有前途，民族就有希望。"

　　今天，历史的重担落到了我们肩上，吾辈青年更应传承前辈"虽千万人吾往矣"的红岩精神，做到不忘初心、牢记使命，自觉担负起时代重任；不驰于空想，不骛于虚声，矢志艰苦奋斗，方能让这抹浓郁炽烈的中国红永驻，染我国辉煌本色！

晨星闪闪，迎接黎明

——读《红岩》有感

文/尚文慧

　　我在初三接触了《红岩》，夜读了两个月，我读得很慢，看半个小时就会掩卷，在夜的黑暗与静谧中，我人生第一次清晰地察觉到自己身上有一股力量，好像一块红色的岩石在青春里一点点长大。

　　后来当书中一些人物和情节随时间在脑海里渐渐淡化，总是会浮到我心头的，是当初读这本书时那番内心的震撼和慨叹，如同每天都会涌起的早潮。几年后的大学里，我终于又沉下心鼓起勇气面对这本鲜血淋漓又荡气回肠的书。

　　读这本书时，就像站在中国共产党党史上一道隐秘而幽深的沟壑旁，这道沟壑在重庆，在重庆解放前夕，埋藏着千百地下共产党员的不屈抗争。

　　"毒刑鞭打是太小的考验，竹签子是竹做的，共产党员的意志是钢铁做的。"特务们为获取共产党的重要机密，将竹签钉入江姐的指甲缝中，我会不禁去摸自己的指甲，已经在这刺骨钻心的疼痛前产生惧怕；还有同志们之间高于生命的情谊，他们以绝食开展斗争，为牺牲的同志开追悼会……

在黑夜和绝望中，这些地下共产党员们用革命英雄主义的力量挺起脊梁，努力抗争，在黎明和希望中重燃革命乐观主义之火：许云峰用半截铁箍和指甲挖着越狱的秘密通道。"小萝卜头""监狱之花"是共和国新生的太阳。 那绣着五颗星星的国旗，最终等来了，"晨星闪闪，迎接黎明。 林间，群鸟争鸣，天将破晓。 东方的地平线上，渐渐透出一派红光，闪烁在碧绿的嘉陵江上，湛蓝的天空，万里无云，绚丽的朝霞，放射出万道光芒"。

我身边的朋友和我谈起这本书，说如果是她处在那样的环境，真的不知道自己是否会"投降"，并且怀疑自己很可能会投降。 我也会问自己，然而我并不能坚定地给出我心中认可的答案。 革命者和叛徒之间的距离是巨大的鸿沟，也可能脆弱得像一拉就断的丝线。

鸿沟和丝线二者之间，摇摆的就是理想信念。 黑格尔说："总盯着过去，你会瞎掉一只眼睛，然而忘却历史，你会双目失明。"

所以，今天的我们要常常回顾历史，砥砺初心。 吾辈青年，需要经受新时代的考验，在成长中，要不断学习和强化思想，去实践，去检验，去印证，去革新，去修正。

逝者已矣，生者如斯。 先辈们会看到新中国站起来，富起来，强起来，看着新中国迎来光风霁月的第一个一百年。

历史中红岩上的鲜血与如今飘扬在和平的蓝天下的新中国的红旗交织，"为保卫红旗而生，为保卫红旗而战，为保卫红旗贡献问心无愧的一生"，这句誓言，将在红旗之下、热血之上得到传承。

与时代同行，与祖国同心，吾辈青年与下一个一百年的距离，是山高路远、道阻且艰，是来日方长、勇往直前。

长夜已逝，青山依旧

——读《向党旗宣誓：老一辈革命家入党经历》有感

文/曾仟怡

党史到底是什么？ 是大事纪年表上罗列的丰功伟绩，还是纪念馆里镌刻的胜利颂歌？ 我说，是风雨如晦中，那些含着泪、倔着骨、嚼着血的无数中国脊梁撑起的那段探索史、奋斗史、创业史。

一、百年风雨，沧海一粟

长夜没有了光，魑魅魍魉吞噬着人的傲气，求救声被扼杀在刺骨的刑台。 十里洋场与破棚烂屋，珍馐美馔与人血馒头，大腹军阀与瘦骨长工，它们共存于一个时代。 这里是百年前充斥着内忧外患，任人宰割的中国，也是那个曾经政通人和、万国来朝的中国。

百年前在风雨中摇摆的中国，也只是中华上下五千年里一个渺小的符号，时间从不为谁停留，一百年让中国换了面貌。

二、百年先辈，精魄永驻

这是最坏的时代，但也是最好的时代。

漫漫长夜中，有人从一潭死水中醒来，变成一道熹微，即便戴着枷锁也要撕破这黑暗，即使被扼住咽喉也要发出响彻时代的绝唱。一道两道千万道熹微，终汇成那耀眼的太阳，照亮中国前行的路。

我们回望历史的来路，感觉一切都是命运般的必然，正义必将战胜邪恶，中国必将崛起于东方，美好又富足的生活必将到来。我们祭奠先辈的热血，敬仰他们的坚贞与不屈，歌颂他们的伟大。可殊不知，后人看到的必然，在当时他们的眼中是坎坷且充满未知的路啊！

他们嗅着封建的腐朽，浸着同胞的血水，却依旧愿意栉风沐雨去相信，去相信看不见的光明，去相信有这样一天：我们的子孙后代不用每天为活着而提心吊胆，不用为了吃饱饭而弯腰下跪。

这就是信仰的力量吧，是冰凉中的一点温度，是黑暗中的一丝火苗。累了的时候，受到羞辱的时候，闭上眼，耳边总有声音告诉自己，我做的事情是有意义的，我来这世上一遭绝不甘于平庸，我可以为这个时代发一份光、一份热，众人点亮的炬火才是中国的灯塔啊！

如果被遗忘才是真正的死亡，我希望他们可以一直活着。岂曰无凭，山河为证。我们应当铭记他们"虽千万人吾往矣"的气概，把他们"为天地立心，为生民立命，为往圣继绝学，为万世开太平"的磊落藏于胸中。他们，滋养着我们这一代后辈，不应该只是历史书上的黑白照片，而应是充满热血的浩然之气。

三、百年峥嵘，青年上路

看来时曲折道路，方知重任在你我之肩。

合上书本，我仿佛看到一道道坚毅的背影，一个个温和从容的微笑，他们在风雨兼程中书写了历史上璀璨的篇章。

如今我们正青春，下一个百年靠我们去实现。 一个旧梦醒了，带走乱世的傀儡，遍地的横尸，而我们青年正在奔赴下一个梦，我们的梦不止春花秋月、人间烟火，还有天下兴荣、民族复兴，我们要大步迈向未来的光明大道。

我们站在路的尽头，凝望来路的荆棘，仰望老一辈共产党人的英魂，叹那漫漫长夜随风消逝，留得葳蕤青山屹立如初。

一寸山河一寸血

——读《抗日战争》有感

文/李国敏

纵观世界近代史，没有哪一个国家如中国一般历遍战火的洗礼；在所有不堪回首的历史往事中，没有哪一个事件比发生在二十世纪三四十年代的中日战争给中华民族带来的创伤更为惨重。

读完《抗日战争》这部著作，又阅读了相关史实，我时时有泪落下——为那些遭受惨无人道屠杀的百姓，为那些战士的牺牲，为所有救国救民的中国脊梁。

在漫长的动荡与战争中生活着坚强的中国人民，鲜血染就的旗帜始终在战场上飘扬，无论装备差距有多大，无论敌我人数如何悬殊，无论前方倒下了多少战士，为了那道胜利曙光，中国的战士愿意用尸体填平战争的沟壑；为了子孙后代享受前人披荆斩棘带来的幸福，战士们用生命担负起了驱逐侵略者的重任……

《抗日战争》站在整个中华民族的高度上看待抗日战争，读完此书，我对于中国二十世纪三四十年代的那段战争岁月有了更深的感触。

客观来说，那时的中国积贫积弱，中日之间差距实在太大，但中国以震惊全世界的方式取得了战争的胜利——他们明知道尸山血水都堆不出一个"胜"字，但还是义无反顾地冲锋陷阵，或许一条命能杀敌多一点，或许一具尸体能让我们中国军队的旧式手榴弹离日本的坦克大炮更近一点，或许尸体堆积成的山海能让我们的中国离胜利更近一点……就这样义无反顾地冲向敌人，就这样用生命填平敌我的差距，就这样力挽狂澜、拯救了我们的中国。

"九一八"事变后，从齐齐哈尔到长春，从哈尔滨到整个东北，没有援军，没有装备，只有蒋介石的不抵抗政策，我们以很快的速度丢掉了东北这片沃土；卢沟桥事变后，中国军队顽强抵抗，从喜峰口到平津，战士们拿着大刀冲锋，用生命与日本军队搏斗——东北那么广袤，失去东北好像只需要一夜，中国的战士们在前线苦苦坚守。

读到这时，我的泪早已落下。日本有飞机有坦克，飞机轰炸时，我们的战士只能慌乱地躲藏，绝望地看着身边的战友一个个死去；坦克开上战场时，我们的战士只能背负起手榴弹，一个个冲向战场，企图以命换取炸毁坦克的机会。我们没有好的武器，我们没有援军，只有一群背负着破枪和大刀的战士，只有守护身后大地的决心。

太行山上，平型关间，流淌着战士们的鲜血；沪上四行仓库，川军草鞋行进间，国旗始终昂扬。读完那段布满着伤口与血痕的历史，无须询问中国取得抗日战争胜利的原因——是战士们保家卫国的决心驱逐了侵略者，是中国人民的赴汤蹈火使得中华民族永存于世。纵使天崩地裂，中华民族绵延不绝；十四年战火硝烟，大地上空终见光辉夺目的云彩。

"平明薄夜逐清寒，拂晓鸣翠越关山。川九折流不尽，金戈一骑拥蓝关"。心中感慨万分，泣涕难掩，特赋诗一首，以敬中国万千战士。

第五篇　初心使命

知青岁月育情怀，砥砺奋进终成才

——读《习近平的七年知青岁月》有感

文/计安桐

一、书山有路勤为径，学海无涯苦作舟

青年时期的习近平同志在前往梁家河的时候，带了整整两箱书，帮他掂行李的老乡很是意外，说："这个娃娃行李看起来很少，却这么重。"

习近平同志喜爱看书，家里人每次给他带包裹，里面总会有一些中外名著、经济书籍、历史书等，当时知青上山下乡很苦很累，但他从不会抱怨，在夜深人静的时候，点一盏煤油灯，就着昏黄的灯光读书，有时离煤油灯太近，烟熏在脸上，形成一道道黑色"条纹"。

他很珍惜读书的时间，有次到饭点了，朋友叫他去吃饭，他说："让我读完再去吃。"他和朋友聊天曾调侃道："昨晚看书至深夜，四周寂静，颇有些'世人皆醉我独醒'的味道。"

和习近平同志一同下乡的雷平生说："一方面，他会就一个观点，一个史实找出很多相关的参考书籍来阅读比较，从不同的侧面去了解和分析这

个问题。 另一方面，他形成自己的见解和观点，也会跟别人进行讨论。"

读书，不仅要"知其然"，又要"知其所以然"。 这种孜孜以求的读书态度放在当下，很适用。 我们身边充斥着"读书无用论"的声音；更有不求甚解般的囫囵吞枣式的阅读；碎片化阅读时代的到来，让我们似乎很难再手捧一本书，静下心好好读了。

我们或许也为读不读书而感到迷茫过，其实，年轻时期的阅读、苦学所能学到的知识和信息，很多已经发生变化了，或者已经不那么重要了。但青年时期所养成的良好的学习态度和学习方法，以及通过学习所养成的思维能力，则可以伴随人的一生，对后来的各个阶段依然起着作用，发挥着影响。

为此，我们应端正读书态度，不听信读书无用论者的无稽之谈；对于优秀书籍沉下心慢慢看，手机和电脑只是改变了获取知识的方式，又怎能借口手机和电脑的信息量庞杂而不去读书呢？

在当时，也有许多青年和习近平同志一样，一直没有放下书本，一直在学习。 艾平的父亲写信给艾平，让他坚持学习。"在 20 世纪如果没有知识，就不可能为国家和社会做出贡献"。 那些青年往窑洞里一坐，把各自的书拿出来阅读。

黑夜中伸手不见五指，大伙都凑在那一盏煤油灯旁，趴在石板上看书。 对那时的青年来说，读书是一种享受，打开书本马上就可以进入另外一个世界，一下子就远离了现实生活，放下了白天挑粪、挑水、除草、种苗的辛苦劳作，徜徉在自由的精神世界。

正如习近平总书记后来所说："在陕北插队时我确实读了黑格尔。 读没读过黑格尔是不一样的，受没受过熏陶和训练的思维是不一样的。"

习近平总书记在参加五四青年节主题团日活动时提到自己在陕西的经历："我到农村插队后，给自己定了一个座右铭，先从修身开始。 一物不知，深以为耻，便求知若渴。 上山放羊，我揣着书，把羊圈在山坡上，就开始看书。 锄地到田头，开始休息一会儿时，我就拿出新华字典记一个字的多种含义，一点一滴积累。"

正是这种求知若渴的精神，让他将读过的书记在心里，将知识融入血肉里，曹操的《观沧海》，李白的《将进酒》，他反复吟诵。 他通过中国古代优秀作品更加深入地认识了我们这个国家，领略了中华民族的优秀文化，了解了中国的历史变迁。 这些作品给予他的不仅是浩瀚如银河般的知识，更是一种深植在中华民族中的文化自信。

二、知屋漏者在宇下，知政失者在草野

习近平总书记对人民群众有着深厚的感情。 当时他只身前往陕西，那年，他只有15岁。 他们这群北京知青刚来这片黄土地时，是质朴的乡亲父老接纳了他们，教他们做饭、缝纫、耕地、挑水。 大妈怕他们吃不饱肚子，把荞麦、小米、高粱面做的饸饹给他们吃，而大妈自己吃的却是糠团子，又干又不能果腹。

当时发生了一件趣事，知青们看到自己在劳动方面做得不好，挣得工分比女人还少，就让生产队的队长第二天早点喊他们起床干活，让他们多挣点。 队长答应了。 第二天早上4点多钟，队长嘹亮的嗓音就从门外传来，他与知青们住的窑洞隔着一条河沟，走过去很远很不方便，于是队长就站在对岸朝窑洞喊：

"京生儿——喔——"

"戴明儿——喔——"

"……"

就这样前前后后喊了好几遍，还是没人出来，知青们实在是太困了，听到声音后又睡过去了。 第二天，戴明还故意问队长为什么没喊他们，队

长用沙哑的嗓音气愤地说:"还说没喊你们? 我都快喊断气了。"像队长这样的梁家河的乡亲们对这些北京娃娃少不更事的行为表现出的诚恳和宽厚,才让这些知青在离家很远的黄土地上有了依靠。

正如革命时,延安人民接纳了已经精疲力竭的红军士兵,在知青下乡时,延安的父老乡亲接纳了这群北京来的年轻人。 正是乡民们的努力,才让习近平同志入了团,当上了村支书,后面又入了党,上了大学。

在乡亲们眼里,他就是个离家远,肯吃苦,性格随和,知识渊博的年轻人,乡亲们把他当作自己的孩子,尽可能地给予他帮助。

诗人艾青有一句名言:"为什么我的眼里常含泪水,因为我对这土地爱得深沉……"

人民的土地,为深沉的爱提供着最丰厚的精神营养。 他把自己看作黄土地的一部分,陕西的包容接纳了他,梁家河的乡亲们把他当成自己的孩子,他的人民情怀在这片土地上扎根,发芽,生长,开花。 在他当上村支书后,带领乡亲们建沼气池,开挖灌溉井,设立铁业社和缝纫社,还有代销店、新磨坊……

原来,一到青黄不接时就全村出动去乞讨的贫困村庄,在他一年多的带领下,实现了基本的吃饱穿暖,日子过得红红火火。

下乡让这群北京青年在农村锻炼了生存能力和认识社会的能力,也让他们更加深入地了解了国家的现实状况和最基层农民的生存状态。 让他们知道了在新中国成立的十几年里还有地区没有发展起来,城乡差距很大。

这都给他们那一代的年轻人带来很深的感触,江山是人民的江山,国家一直很重视"三农"问题、医保问题、扶贫问题。 习近平同志反复研读毛泽东同志的"只要我们为人民的利益坚持好的,为人民的利益改正错的,我们这个队伍就一定会兴旺起来"这句话,并将这句话铭刻在了骨髓里。

习近平同志也从不搞虚的，他是真真切切地想为人民做好事，当时，许多村支书对待上面发的办沼气池的通知时敷衍应付、虎头蛇尾，他和几个村里的年轻人已经前往四川绵阳、遂宁，向当地的技术工人学习技术；天寒地冻时，他又身先士卒地拿起铁锹挖起了井。

2001年习仲勋同志过米寿，习近平写信给父亲拜寿，在信的结尾写道："这是一个堪称楷模的老布尔什维克和共产党人的家风。这样的好家风应世代相传。"习仲勋听完来信内容后，动容地说："为人民服务，就是对父母最大的孝。"可以说，习近平总书记在体验群众疾苦中萌生人民情怀，在地方治理实践中增进人民情怀，在革命家风传承中升华人民情怀，在担当崇高使命中彰显人民情怀。

"待入尘寰，与众悲欢，始信丛中另有天"。习近平总书记将自己融入人民大众之中，他说，自己的"根"在陕西，"魂"在延安。他始终把全心全意为人民服务作为自己行动的宗旨，人民过上好生活是他工作的目标。

三、青衿之志履践致远，云程发轫万里可期

现在，我们读《习近平的七年知青岁月》，不能一味地感慨农村生活的艰难，要认可那些在困苦条件下依然顽强地找寻人生意义、"男儿当自强"的精神，要学习他们艰难困苦，玉汝于成的不屈的人生态度。在那个时期，一批批有志青年，怀揣梦想，想为国家办实事。我不禁想起鲁迅先生的话，"中国从古以来，就有埋头苦干的人，有拼命硬干的人，有为民请命的人，有舍身求法的人……虽是等于为帝王将相作家谱的所谓'正史'，也往往掩不住他们的光耀，这就是中国的脊梁"。

我们现在生活在一个好的时代，我们不再像父辈们那样挨饿受冻，缺

吃少穿，我们衣食富足，享受着手机和网购带来的快乐。 我们生活在互联网时代，快捷的信息传播方式让我们轻轻松松地了解到外面的信息，真正实现了"千里眼顺风耳"。

但同时我们也要意识到，我们国家还面临很多挑战，中国面临百年未有之大变局，国内改革进入深水期；互联网也给我们带来了许多威胁，我们一定要保持警惕。

黄埔浣花风雨长，光华柳林谱华章。 我们是西财的学生，应秉持"孜孜以求"的学习态度，"经世济民"的广阔胸襟，为国家纾解改革之困，解国家燃眉之急。

我们要有清醒的认识，认识国家新的历史发展方位、新的发展目标，从而更好地投身到实现中华民族伟大复兴的宏图伟业中去，把自己的时代坐标放置在国家发展的历史坐标轴上，在学习中矢志奋斗，在理想上坚定不移，在实践中挥洒青春，绽放青春之花！

解锁生态文明建设的"密钥"

——读《习近平谈治国理政》有感

文/李雯静

学完《习近平谈治国理政》第三卷第十三个专题"促进人与自然和谐共生",我有着许多感悟。

绿水青山就是金山银山,绿水青山和金山银山从来不是割裂的关系,而是相互促进、相得益彰的关系,我们要在经济发展中保护环境,在保护环境中发展经济。

抓紧抓好生态文明建设这个关系中华民族永续发展的根本大计,尊重自然、热爱自然、保护自然,才能更好地将生态文明建设驶入快车道,才能让绿水青山创造出更多"金山银山",将一个鸟语花香、山清水秀的美丽中国展现在民众眼前。我们要领悟习近平生态文明思想中的内涵,紧跟生态文明建设的指示,一起携手共建美丽的家园。

解锁生态文明建设"密钥"一:认识到生态文明建设的重要性。人类文明迅速发展的背后是对自然生态环境的破坏,而生态环境破坏也带来了很多负面影响:自然灾害、环境污染等。这些负面影响是大自然对于人类破坏自然、挑战自然的惩罚,人类也为此付出了沉重的代价,我们要保护自然生态环境。

在世界各国为推进生态文明建设努力的时候，我们作为世界上最大的发展中国家，应树立起负责任的大国形象，为生态文明建设贡献中国智慧。 与此同时，我国经济建设处于高质量发展的端口，生态文明建设需与经济建设协同发展，才可更好推进经济建设的可持续发展。 目前我国生态文明建设虽取得一定的成效，生态环境质量在持续向好的趋势发展，但还是存在生态赤字逐渐扩大、生态环境恶化等难以根除的负面问题。

生态问题是关系民生的重大社会问题，推进生态文明建设，建设一个生态良好、美丽宜居的生态环境，可以更好地增强民众的幸福感和获得感。 无论是从世界形势、国家形势还是从民生改善的角度来看，推进生态文明建设都是充满必要性和紧迫性的。

作为社会个体的我们，要树立生态文明建设的意识，要激发参与生态文明建设的积极性，提高生态文明建设的参与度。 我们还要将这份意识落到实处，从身边的小事做起，抵制破坏环境的行为，发扬保护环境的行为。

而在其中起到带头作用的党员干部要树立良好的榜样形象，营造良好的生态文明建设氛围，推动生态文明建设上升到更高台阶。

解锁生态文明建设"密钥"二：经济发展和生态文明建设实现协同发展，效益并存。

经济发展不能以破坏生态为代价，生态本身就是经济，保护生态就是发展生产力。 怎么样去平衡好经济建设和生态发展的关系是我们需要思考的问题，两者协同发展才可以带来更好的经济效益和生态效益。

"先污染再治理""经济发展先行"这些片面刻板的思想已经不适用当下经济的发展形势，也不利于现今的生态文明建设。 在推动二者协同发展的时候我们要注意两点：

其一是让绿水青山创造出更多"金山银山"，转变经济发展方式，让经济发展巧妙地与生态文明建设相结合。 贯彻创新、协调、绿色、开放、共享的新发展理念，加快形成节约资源和保护环境的空间格局、产业结构、生产方式等。因地制宜，最大化利用生态资源最大化，抓住优势特色，挖掘生态财富。例如，昆明市林草局就将"绿起来"与"富起来"有机结合起来，出台政策，扶持资金，以生态建设为引领，建成集景观培育和生态旅游于一体的苗木基地，完美地实现了生态建设与经济建设的协同发展，同时坐享经济效益和生态效益。

其二就是守住绿水青山，绿水青山是创造"金山银山"的基础和源头。发展生产力时要节约自然资源和保护自然环境，"取之有度，用之有节"是守住绿水青山的真谛，尊重有限的自然资源，坚决抵制无节制的资源开发和利用，提倡绿色低碳、理性有度的生活方式，拒绝铺张浪费，形成文明健康的生活风尚。

减少资源的流失和浪费，才能更好地守住绿水青山。对自然环境的保护体现在加强环境防治和环境管理上，我们应推进生态文明顶层设计和制度体系建设，建立并实施环境保护督察制度，增强对生态环境的保护。

解锁生态文明建设"密钥"三：齐心协力，为坚决打赢污染防治攻坚战而奋斗。在推进生态文明建设的过程中紧随党的领导，各地区各部门要增强"四个意识"，坚决维护党中央权威和集中统一领导，坚决担负起生态文明建设的政治责任。

生态文明建设是关系中华民族永续发展的根本大计，美丽宜居的生态环境才是人们所向往的，没有人会喜欢污水滚滚、烟尘漫漫，人们所向往的是绿水青山、蓝天白云和鸟语花香，打造美丽宜居的生态环境会给人们增添幸福感和获得感。

污染防治问题是生态文明建设中的硬骨头，我们要保持信心，不能因为畏惧或者消怠就不管不看不治，这样只会带来更严重的后果。我们要积极探索和建立健全生态文明建设模式，加强环境整治和污染防治工作，打造良好的生态环境。

这几年我们的污染防治和环境整治工作取得了显著成效，着力抓好环保问题整改、水气土污染防治等重点工作。 洞庭湖生态治理恢复、黄河流域治理和生态管控等这些成功例子都是具有一定借鉴意义的。 但还是存在一些难以治理的"死角"问题，我们需要推进治理方式多元化，完善健全的生态文明建设模式，还民众一个美丽舒适的生活环境。

　　我们要坚持推进生态文明建设，坚持人与自然和谐共生，打造美好家园，为推动社会可持续发展助力。

平凡的伟大

——读《习近平的七年知青岁月》有感

文/朱荻

在很长一段时间中，每当提起"知青"一词，浮现在我脑海中的是一条景色有些奇异的小路。

在这条小路上，一头是伤痛与迷茫，无奈与荒谬，另一头却是激情与浪漫，诗意与爱情。我常常带着困惑去阅读一位位曾经的知青对于他们青春的回忆，尽管那时的他们年纪相仿，尽管他们面临着同样的困难与挫折，尽管他们同处在滚滚向前的时代洪流中，但在他们笔下，我却很难找到相同的描写风格，尽管两位作者甚至可能同在一个村庄插队。

所以我一直很难去找到一个词描述这段岁月，直到我阅读了《习近平的七年知青岁月》——那个词，叫作"平凡"。

没错，平凡。在这本书中我看见青年时期的习近平总书记，看见他成为平凡的农民，看见他做着平凡的工作，在平凡的村庄，与平凡的乡民在平凡的生活中努力地为了今天与明天而生活着。

我没有在这本书中看见儿女情长，没有看见撕心裂肺的生离死别，没有看见戏剧性的冲突与矛盾。因为这就是生活，它没有像小说描写的那样跌宕起伏，却有着更多的让人感同身受的酸甜苦辣。

本书从知青、村民、社会各界三个角度对习近平总书记的知青岁月进行了回忆叙述，三个角度对于同一事件的描述也各有侧重，客观而真实。被采访者回忆的字里行间中充满了真挚而生动的情感。他们共同见证着少年的他不断学习，见证着他从"可以被教育好的子女"成长为一名光荣的中国共产党党员与村支部书记；也见证着青年的他带领着村民克服一个个困难，抓生产促发展，更见证了他坚定而崇高的责任感与使命感。

习近平总书记的青春是平凡而伟大的。他有喜怒哀乐，有初到农村面对艰苦生活环境的不适，也有对于父亲被批斗的愤懑。但是他没选择逃避，选择用虚无的幻想麻痹自己，让自怨自艾掌控自己。更没有丢掉自己的理想与信念，放弃进步与学习。相反，他用自己真挚的情感，用自己有力的行动，让淳朴的乡亲们看见了一个革命家庭的后代的担当与作为，一个北京知青的奋斗与勤劳，一个党员的为民与责任。

作为革命家庭的后代，他始终牢记着他脚下的那片陕北黄土地是他父亲曾经战斗过的地方。正是在那里，红色革命的星星之火得以燎原，正是在那里，共产党人用鲜血与汗水得到了人民群众的拥护，正是在那里，中国人民从弱小走向强大。但是眼前的贫瘠与艰苦让他震惊，于是他下定决心，要让这片黄土地之上的人民走向富裕。

身为一个北京知青，他有着相较于当地劳动人民更丰富的学识与更宽广的眼界，但他并未像一些文学作品中描述的知青那样，高高在上，脱离群众，孤芳自赏。相反，他真正地把自己当作了一个陕北农民，不论是生活还是劳动，他都与人民群众打成一片，他把自己看成黄土地的一部分，与村民们同甘共苦。他说："我现在就是一个普通农民，并为此而感到光荣。"

除此之外，他还坚持在劳动之余积极学习，几乎书中的每一位讲述者都会提到习近平总书记对于书籍的热爱，他涉猎广泛，勤于思考。在信息闭塞的山区，在那个年代，他仍然从书籍中寻求提升自我的方法，并耐心地用自己对于知识的尊重与热情去感染村民。

作为一个党员，他的入党道路艰难而曲折。 尽管他已经具备了成为一个合格共产党员所必需的一切品格，但在那样一个特殊的时代，他的家庭成分却成了他入团入党的最大障碍，但他还是一次又一次递交入党申请书，被驳回一次就再写一次，最终时任县委书记了解到了这一情况，在经过实地考察后，冒着被扣上"反革命"帽子的压力批准了习近平同志的入党申请。

成为党员的他深知这一结果的来之不易，于是他更以百倍的热情投入工作当中去。 他始终把人民放在首位，勇于担当，敢于作为，不管是修建淤地坝还是建造沼气池，他都敢为人先，为百姓谋福利。 当面对返乡的机会，同来的知青一个个离开农村回到城市时，他躺在黄土地上，望着陕北湛蓝的天空，下定决心像父辈一样，以一个共产党员的身份好好地在农村干一场，用自己的青春去实现自己的使命，去回报养育和培育了自己的老百姓，去改变当地贫穷落后的面貌。

这就是习近平总书记的知青岁月，他在最贫瘠的乡村度过了自己最美好的青春年华，他在这七年中，以最平凡而伟大的姿态不断学习着，观察着，思考着，劳动着。 他知道，成长，就是"苦其心志，劳其筋骨，饿其体肤，空乏其身"。

他知道民间疾苦，所以如今有了脱贫攻坚；他知道民心所向，所以他强调深入群众；他知道我们的党在中华民族的伟大复兴中扮演着怎样光荣的角色，所以他强调全面从严治党……

"时代的光荣属于青年"，习近平总书记这样告诉我们，因为他的青春就是平凡而又伟大的，他已经把他的青春故事谱写在了那片黄土地上，正如建党一百年来千千万万的中国人民与中国共产党员将自己平凡而伟大的青春故事谱写在这片辽阔而美丽的土地上的每一寸角落。 而接下来的故事，将由我们新时代的青年们接着讲下去。

黄土地的儿子

——读《习近平的七年知青岁月》有感

文/冯一帆

2013 年以来，中华大地发生了翻天覆地的变化。中国的国家实力明显提升，人民的生活水平日益改善，脱贫攻坚战取得全面胜利，全面建成小康社会。

这一系列的成就，离不开以习近平同志为核心的党中央的坚强领导。阅读《习近平的七年知青岁月》，我们得以探寻习近平总书记的早年经历，感悟领袖的成长经历。

习近平总书记不止一次表示自己是"黄土地的儿子"。虽然他不是出生在陕北，但他的父亲——习仲勋同志，曾经在陕北任职、工作。1969年年初，还未满 16 周岁的习近平同志与二十多位同学乘上开往延安的专列，开始了长达七年的知青生活，开始了上山下乡的艰苦历程，与黄土地和生活在黄土地上的人民结下了一段美好的缘分。

初来乍到，在陕北延川梁家河，习近平同志和其他知青要过四大关：跳蚤关、饮食关、劳动关和思想关。这四关并不是那么容易就能过的，它们真实地反映了诸多在延川农村生活的考验，其中既包括物质层面的，又包括精神层面的。

"跳蚤关"，反映的是当地卫生条件的不足，"饮食关"反映的是当地物质财富的匮乏。延川缺水，连人的饮水都成问题，更不要提洗澡了，梁家河的老乡们一年也洗不上几回澡，甚至对跳蚤产生了抵抗力。这让知青们犯难，虽然能到小河去洗澡，但适应艰苦的环境才是最重要的。时间一长，知青们对卫生也没那么敏感了。雷平生曾回忆，他们到梁家河的第一顿饭，虽不及北京的好，但也是那几年里最好的一顿了。

粮食短缺，蔬菜很少，为了延长贮存期，大部分菜都要被腌制成酸菜。同样地，时间一长，知青们也慢慢挨过来了。重要的是，习近平同志在这个过程中深有体会，人民的饮食最能反映人民的实际生活水平。

后来，他到基层视察，走进千家万户时，总要掀起锅盖，看看热气腾腾的饭菜，和群众唠唠家常。

"劳动关"更艰难些。知青们刚到生产队时积极性都不高，也未养成劳动的习惯，一个知青一天的工分比不上一个当地妇女的。但老乡们从不嫌弃这些"娃娃"，他们认真教知青们干基本的农活。这一关虽说艰难，但习近平同志吃苦耐劳的精神使他成为老乡眼中的好后生。

对习近平同志来说，最难过的是思想关。"文革"开始后，习近平同志的父亲被打倒，他也被贴上"黑帮子弟"的标签，年仅 15 岁便要承担巨大的思想包袱。

在延川，他的经历、背景也为他入团入党入学平添了许多麻烦，正如他的一位朋友所说："别人是从零开始，他要从负数开始。"但是，梁家河的村民们并没有因他是"黑帮子弟"而对他有任何恶意，他们对习近平同志表现出来的更多是赞赏和理解。黄土地上的人民，虽然文化水平不高、财富不多，但他们有一颗颗朴素的心，他们和善的态度也给了习近平同志带来许多宽慰。后来，习近平总书记谈及这段日子，是陕北的人民收留了他，保护了他，也关爱了他，他是黄土地的儿子。

有了稳定的生活环境，习近平同志在梁家河博览群书，经济、历史、文化均有涉猎。 习近平同志的学习、成长不仅局限于理论，他更看重实践。 正如毛主席在《实践论》中表达的，理论从实践中来，又要到实践中去，只有实践才能检验理论的正确性，才能验出真理。

习近平同志为村民们调解纠纷，在担任村支部书记后，又办起铁业社、杂货店，村民的生活更便利了。 他还专门到四川学习建设沼气池的技术，回村后为村民主持修建沼气池。 习近平同志真心地把自己当成了黄土地的儿子，真心地把自己当成了人民的儿子，真心地把自己投入为人民服务的伟大事业中。

在梁家河的七年，对于习近平总书记来说，绝不是毫无价值、虚度光阴的七年，而是奋发学习、为民服务、思想飞跃的七年。

离开梁家河后，习近平同志在清华大学读书，在正定县当县委书记，后来又到福建、浙江、上海等地方工作。

习近平新时代中国特色社会主义思想是党和国家必须长期坚持的指导思想，在其中，我们仍可看到梁家河的影子。 梁家河，绝不是虚幻的"桃花源"，而是记载陕北人民艰苦生活历史的"无字碑"。

红星照耀世界

——读《习近平新时代中国特色社会主义思想学习问答》有感

文/吴俣豪

一、前言

选择《习近平新时代中国特色社会主义思想学习问答》（以下简称《问答》）作为本次的阅读书目并非一时兴起，首先，《问答》较同类型的经典书籍而言，采取了十分新颖的形式，一问接一答，新颖活泼。内容贴合实际热点，切入主题，针对性极强，便于学习。例如，针对供给侧结构性改革这一政策，该书对为什么要把推进供给侧结构性改革作为经济发展的主线进行详细的阐述。通过对于《问答》的学习，我感慨良多，该书对一些概念进行了具体的解答，以下是我的阅读心得。

二、阅读心得

1936 年，美国记者埃德加·斯诺越过重重封锁，深入陕甘宁地区，写下《红星照耀中国》，预示着一颗冉冉升起的红色太阳将带给中国一个黎明。如今，百年时光已过，红星领导下的中国格外璀璨。

习近平新时代中国特色社会主义思想是党的十八大以来，在以习近平同志为核心的党中央带领下，全体中国人民拼搏奋斗的成果，是全体劳动人民的智慧结晶，是理论结合实践的结果，同样也是马克思主义中国化时代化的最新理论成果。我们都曾学习过马克思主义原理，其特征是与时俱进的先进性，尽管当今世界较之马克思生活的世界已有极大的变化，但是马克思主义的原理并没有过时，更没有消失。

在我看来，这不仅仅是一本书，一个报告，更是一把利刃，让我们有勇气，有力量，在如今风云变化，湍急复杂的国际局势中，让我们不畏浮云遮望眼，有自己的判断与思考。

我们走的是中国特色社会主义道路，实行的是人民民主专政，我们的民主，是中国特色社会主义民主。习近平总书记强调：我们的民主是个新事物，也是个好事物，是最广泛的、最真实、最管用的民主。

我国的根本政治制度是人民代表大会制度，这是中国人民翻身做主的选择，是体现人民民主专政的伟大制度，全国各级人大代表都是由民主选举产生，代表们对人民负责，受人民监督。

我国的这一政治制度，有效地避免了旧式政党制度集权于个人，同样也避免了，西方社会多党轮替、恶性竞争所造成的工作效率低下、社会资源浪费等问题。除此以外，中国的民主更是一种"全过程民主"。我国依法实行民主选举、民主协商、民主决策、民主管理、民主监督，环环相扣，是我国人民民主的生动体现。

爱好和平是我们中华民族的优良传统，我们倡导人类命运休戚与共，倡导互利互惠，合作共赢，我们为世界上的其他国家提供了一条和平发展的道路，事实已经证明，霸权主义的道路是走不通的！

和平、发展、公平、正义、民主、自由，是全人类的共同价值。这是我们共同追求的目标，红星照耀世界！

脱贫攻坚，真抓实干

——读《习近平谈治国理政》有感

文/户怡然

读了《习近平谈治国理政》第三卷的第五部分内容后，我深有感触，对脱贫攻坚战有了更深刻的认识。

在 2017 年 12 月 31 日的新年致辞中，习近平主席指出："到 2020 年我国现行标准下的农村贫困人口实现脱贫，是我们的庄严承诺。"这当真是一诺千金，扶贫脱贫的显著成果我们有目共睹。 2021 年 2 月 25 日，全国脱贫攻坚总结表彰大会上，习近平总书记强调，经过全党全国各族人民共同努力，在迎来中国共产党成立一百周年的重要时刻，我国脱贫攻坚战取得了全面胜利，现行标准下 9 899 万农村贫困人口全部脱贫，832 个贫困县全部摘帽，12.8 万个贫困村全部出列，区域性整体贫困得到解决，完成了消除绝对贫困的艰巨任务，创造了又一个彪炳史册的人间奇迹！

一路走来，"脱贫攻坚"真的不只是说说而已，而是实打实的真抓实干。 对于我国脱贫攻坚战取得全面胜利的原因，我有以下几点感想。

一、脱贫攻坚离不开国家强有力的政策支持

截至 2021 年 2 月 25 日，我国脱贫攻坚战取得全面胜利。这一显著成果的背后，是党中央对脱贫攻坚工作的高度重视和大力支持。

2011 年年底，中央决定将年人均纯收入 2 300 元作为新的国家扶贫标准；2012 年 11 月，党的十八大召开，自此党中央把扶贫开发摆到治国理政的重要位置，提升到事关全面建成小康社会、实现第一个百年奋斗目标的新高度；2014 年 12 月，国务院扶贫办（已更名为"国家乡村振兴局"）在官网公布"全国 832 个贫困县名单"，涉及 22 个省（自治区、直辖市）；2015 年 10 月，党的十八届五中全会明确提出到 2020 年我国现行标准下农村贫困人口实现脱贫，贫困县全部摘帽，解决区域性整体贫困的目标任务；2015 年 11 月，中共中央、国务院印发《关于打赢脱贫攻坚战的决定》；2016 年 3 月，在十二届全国人大四次会议通过的"十三五"规划中，党中央脱贫攻坚决策部署通过法定程序成为国家意志；2018 年 6 月，中共中央、国务院印发《关于打赢脱贫攻坚战三年行动的指导意见》等一系列政策文件，重大举措纷纷体现出党和国家对扶贫攻坚工作的重视。

二、脱贫攻坚离不开基层干部的辛勤付出

在长达八年的脱贫攻坚战中，基层扶贫工作者的身影常常出现在我们的视野中。我想起 2018 年的《感动中国》节目中，深深震撼到我的扶贫干部张渠伟。"扶贫必须精准，不落一人一户，病情迫在眉睫却一拖再拖，扎下帐篷扎下了根，签上名字就立下了军令状，没有硝烟的战场，你负了伤，泥泞的大山，你走出了路，山上的果实成熟了，人们的心热了"。

1 600 多个日日夜夜，他一心扑在脱贫攻坚第一线，没有周末和节假日；常年的辛苦工作使他患上了"耳石症""青光眼"，重度眩晕，几致失明。 即便如此，他依旧坚守在岗位上，不肯前往医院治疗。 在脱贫攻坚这场没有硝烟的战场上，他四年如一日，始终践行着"扶贫路上、绝不落下一户一人"的铮铮誓言，推动渠县全县 57 个贫困村摘帽。

　　火爆一时的电影《厉害了，我的国》中，一位同样恪尽职守的扶贫女干部给很多人留下了深刻印象。 她是一位年轻的藏族扶贫女干部，黝黑的皮肤暴露出她时常操劳的状态。

　　那是在她谈到扶贫工作中的辛酸时内心情感的真实流露。 为了大家能过上好日子，她挨家挨户劝大家搬迁。 可有的人非但不领情，还冷眼相待。 这仅仅是无数的扶贫工作中的困难的一个缩影，而她也不过是无数辛苦操劳的扶贫干部中的一员。 更多的人连名字都不为人知晓，甚至有人为了扶贫工作献出了生命。

　　数不胜数的基层人员为了打赢这场脱贫攻坚战，无私奉献，献出自己的时间、精力甚至生命。 如此舍己为人，舍小家为大家，怎能不令人动容。 也正多亏了这些无私奉献的人们，我国在脱贫攻坚方面才取得如此伟绩。

三、脱贫攻坚也离不开别出心裁的创新

　　提到脱贫攻坚中的"创新"，让人不免想到今年火爆的"直播带货"。搭上了网络的快车，"直播带货"这种独特的形式越来越火。"网红"主播利用自身平台积极参与并大力推广公益项目，助力经济发展与社会进步，是互联网与慈善公益结合的创新突破。

　　2020 年，"网红"主播罗永浩受邀为江西抚州的南丰蜜桔带货直播，

助力江西果农。 直播当晚，开场不到 1 小时，6 万箱南丰蜜桔销售一空，销售额超过 100 万元。

互联网的魅力还不止于此。 2020 年下半年，来自四川省甘孜藏族自治州理塘县的藏族小伙——丁真火爆全网，而比他更值得关注的是其家乡理塘。

丁真的家乡理塘曾是全国贫困县，2020 年 2 月才正式退出贫困县序列，摘掉贫困帽。 之后，四川省甘孜州理塘县文旅体投资发展有限公司签约了丁真，由丁真担任当地旅游形象大使，并及时推出丁真的宣传片《丁真的世界》，丁真为自己的家乡代言，这不仅是用丁真这个流量 IP 为理塘做引流，也是保障丁真后续发展的重要动作，接下来各大官媒上场，各地都开始邀请丁真去做客。 接下来，甘孜州景区实行全部免票的策略，有力带动了地区的旅游业发展。

这一套"线上+线下"的营销组合拳，结合丁真的热度齐头并进，最终形成流量变现。 据了解，旅游淡季时甘孜州酒店预订量增长 89%，机票预订量增长超过五成，真正丰富了群众的"口袋"。

不得不说，互联网在脱贫攻坚的道路上立下了不可磨灭的功劳。 归根结底，扶贫工作人员的巧思让脱贫不拘泥于常规，跟上了时代的脚步。

"其作始也简，其将毕也必巨"。 这是习近平总书记在决战决胜脱贫攻坚座谈会上发出克服新冠病毒感染影响、凝心聚力打赢脱贫攻坚战、确保全面建成小康社会的号令。

2020 年是不平凡的一年，新冠病毒感染让我国各行各业受到了很大影响。 但与此同时，党和国家迎难而上。

面对新冠病毒感染这场"大考"，我们答得顽强而坚定。 新冠病毒感染没有阻止我们脱贫攻坚的脚步，我们依旧成绩斐然。 誓言铮铮，初心不改。 这是党和国家面对脱贫攻坚的态度，也是一贯的原则。 让我们贯彻这种精神，建设更美好的中国！

高山仰止，景行景止

——读《习近平的七年知青岁月》有感

文/黄泳绮

一、由梁家河到从严治党

> 近平处事非常公正，很多农村人当领导，裙带关系很严重，把亲戚朋友照顾得很好，多吃多拿多占。近平没有这么做，知青也好，社员也好，一视同仁，他绝对不会用公家的资源额外照顾朋友，绝不会做不公正的事。所以，习近平批评一些社员，他们都能接受。社员们都信服他，认为他公正、没有私心。
>
> ——梁玉明《近平敢说敢做敢担当》

这段采访用非常质朴的语言描绘了习近平总书记正气凛然的作风，反映了共产党人在廉洁奉公方面做出的楷模作用。共产党之所以永葆强健的生命力，就是因为共产党人来自群众，始终秉持着全心全意为人民服务的宗旨。

俗话说"水能载舟，亦能覆舟"，百姓们将共产党人的优良作风看在眼里，自然就愿意拥护，响应党的号召，一起集中力量干大事。这段话实际上体现了习近平总书记当政以来一直着重贯彻的依法治国的方针，而与依法治国的重要性并驾齐驱的就是从严治党。

党员干部作为人民公仆，在发挥领导力、组织力的同时也要时刻记得自己的党员身份，要铭记自己的一举一动都关乎整个党的形象。正如孔子所说的孝顺最难的是"色难"一样，如果只是做到了遵守党章党纪，不触犯法律底线，那还算不上是全心全意为人民服务，充其量只是做到了"仁、义、礼、智、信"，很容易滋生大大小小的道貌岸然的老虎苍蝇。要发自内心地想为人民群众奉献自己的力量，从群众中来真情实意地回到群众中去，从而做到"从心所欲不逾矩"，才能说真正贯彻了从严治党最底层的目的——是让一个共产党员回归初心，像先辈一样，脚踏实地地为人民服务，为共同振兴建设整个民族国家而奋斗。

2021年是中国共产党建党100周年，回想中国共产党走过的光辉而曲折的道路，是先辈们披肝沥胆、呕心沥血地将一颗红心奉献给党，舍小家为大家，为拯救中华民族、实现中华民族伟大复兴的目标而肝脑涂地，才有现今如此美好的生活。

二、思想是行动的前导

四十多年以后的一个机会，近平和我谈起当时他思想转变过程。他说，当年他思想上准备在陕北当一个农民，并非虚言。当他下决心回梁家河挑重担前，曾长时间躺在土地上，望着蓝天，下决心像父兄一样好好在农村干一场，这辈子就当个农民吧！

我现在分析近平当时的心境：一方面，他确实认为陕西是他的故乡，也是他的父兄战斗过的地方，觉得成为一个陕北劳动人民是很自然的事；另一方面，他对陕北这片土地已经产生了深厚的感情。近平当时家里压力很大，习老无端受迫害，他们兄弟姐妹几个在政治上都受到歧视，天各一方。当时很多人都用异样眼光看他，但梁家河村民却毫无保留地接受了他、尊重他。他在黄土地上埋头苦干，老百姓对他很认可、很信任。老百姓保护他、爱护他、让他当家带领大家向前闯。他深刻认识到，是陕北老百姓养育和培养了自己，应该有所回报，要为梁家河做点事。

——雷榕生、雷平生《近平把自己看作黄土地的一部分》

习近平同志将陕北这片贫瘠的土地作为他后半生安家立命的基地。对他来说，这片土地承载了太多苦难的记忆，正是这些苦难促使他去思考人生的哲理，思考家国的治理，从广阔缥缈的宇宙再落实到一个破旧的梁家河，从上古海外的哲学家再落实到身边的村民。他就是在一个充满虱子跳蚤、没有新鲜蔬菜、缺衣少食的环境里，悟出了属于他自己的哲学，并且把这种哲学运用到治理梁家河的事务中去，将修沼气、治洪水、垒土坡等都落实到了实处。

正是这段艰苦又充满着人性光辉的经历，给了他重新思考生命的平台，所以习近平总书记每每提到梁家河时都会把它当成他的新起点，那是他"修身""矫思""立矢"的出发点。"我人生第一步所学到的都是在梁家河获得。不要小看梁家河，这是有大学问的地方"。在全面建成小康社会的当今，我们也站在了新的历史起点上，面临着一个新的征程，而漫漫长征中的主力军以及未来数十年的中流砥柱，就是作为青年的我们。

面对如此繁重复杂又意义深远的理想重任，我们要继往开来，汲取前辈们的珍贵经验，去"修身""矫思""立矢"，去寻找属于我们自己的梁家河。

"人生的扣子从一开始就要扣好。这就像穿衣服扣扣子一样，如果第一粒扣子扣错了，剩余的扣子都会扣错"。这是习近平总书记在访问北大时对青年的寄语。 可见对于青年人来说，拥有一个良好的基础是多么重要。 无论是在思想上的准备，还是品行上的修为，都需要一个良好的基础来作为支撑，否则在实现理想的途中就可能出现南辕北辙的失误，这也就是扬雄所提的"修身以为弓，矫思以为矢，立矢以为的，奠而后发，发而必中"的方法论。 我们作为新时代的青年，要时刻注意自己的思想不要被一些居心叵测的邪风所侵染，我们要不忘初心跟党走，坚定不移地走中国特色社会主义道路。

一个人的品性修养就是一个人实现目标的必备工具和必要条件。《大学》有云："修身，齐家，治国，平天下"，将修身放在首位，可见自古以来提升个人修为都是营造安定社会实现国家昌盛的前提条件。 一个国家的繁荣正是由一个个的个体共同努力经营而来的，每一个个体都要为建设美好社会而磨砺自己，才能使自己成为栋梁之材。

思想与目标的关系类似于儒家所提倡的名实关系，所谓"名不正则言不顺，言不顺则事不成"。

如果一个人的思想是不正的、反社会的、无利于整个中国实现中华民族伟大复兴的强国梦，那么他的行为就是逆着历史发展趋势的，就无法在一个大势所趋的环境下达成自己的目的。 孔子说，"七十而从心所欲，不逾矩"，从心所欲的前提是一个人的思想与整个社会要求的道德准则和礼法制度相符合，这样才能随心所欲又不逾矩。 在中国朝着两个百年计划稳步前进之际，我们要自觉地将自身的未来融入时代发展的脉搏里，与时代共同进步。

三、艰苦奋斗共创未来

农村过"四关"，实在不易。先说"跳蚤关"，我想每一位在陕北插过队的知青都有切身体会。刚到生产队的那几天，我们几名知青身上都莫名其妙起了又红又大的肿包，奇痒无比。由于不知道肿包生成的原因，我们也不知道该如何对付。后来才慢慢知道是"虼蚤"咬的，随后也听说了不少有用的或无用的应对办法，比如"不让猪、狗等牲口回窑""喝本地黄土煮过的水（解决所谓'水土不服'）"等。

——雷榕生、雷平生《近平把自己看作黄土地的一部分》

艰苦奋斗是中华民族的优良传统美德，这是我看到上面这段文字时想到的第一句话。习近平总书记很好地诠释了艰苦奋斗这个词的含义，他在梁家河——实际上是全国广大农村的缩影，一步步克服重重难关，跳蚤关、饮食关、生活关、劳动关、思想关，发挥个人才智，从而获得成长。

想想中国共产党成立、革命，再到建设新中国的历史，哪一步不是排除万难摸着石头过来的？艰难岁月的党费，困苦时期的"小米加步枪"式的革命，这一幕幕令人唏嘘感慨又心潮澎湃的往事历历在目。

然而今天，中华民族在伟大复兴的道路上越走越高远，航空母舰、航天飞机、深海潜艇，各大领域的新型研发成果频传捷报，这些美好的繁荣景象都是一代代人奋斗出来的。

这些事迹时刻鼓舞我们，遇到困难时不能退缩，要像前辈那样，像优秀的同龄人那样艰苦卓绝地奋斗，撸起袖子加油干，为建设社会主义现代化强国而奋斗。